특명, 알파 세대를 구하라

KB192399

특명,
알파세대를 구하라

미디어 리터러시의 등장

장 미 송윤경
원정현 최주미
이영인 임경미

지음

푸른길

차례

어린이와 청소년들의 건강한 성장을 바라며

안녕하세요. 우리는 어린이, 청소년 여러분들의 건강한 성장을 바라는 여섯 명의 선생님들입니다. 현재 사는 지역도, 가르치는 학년도 모두 다르지만 여섯 명의 선생님들이 모인 이유가 있습니다. 매년 적게는 수십 명에서, 많게는 수백 명의 학생들을 만나며 선생님들이 하는 고민이 있습니다. 바로 학생들의 '현명한 미디어 활용'입니다. 어떻게 하면 지금의 알파 세대들이 미디어를 올바르게 소비하고 활용할 수 있을까 많이 고민하고 있지요. 아마 여러분을 직접 가르치시는 선생님과 부모님들 또한 이 고민을 하고 계실 거예요.

어린아이부터 노인들까지 스마트폰을 가지고 있는 지금의 환경에서, 미디어를 소비하지 않는 사람을 찾기는 모래에서 바늘 찾기만큼 어렵죠. 바닷가의 모래알만큼 많은 미디어들이 쏟아지는 지금, 우리가 살고 있는 이 세상은 그야말로 미디어 전성시대라고 할 수 있습니다. 학교에서 공부할 때 보는 동영상부터 여가 시간에 보는 SNS까지. 여러분도 하루의 많은 시간을 미디어와 함께 보낼 것입니다. 하지만 우리가 미디어를 어떻게 다루느냐에 따라 미디어는 약이 될 수도, 독이 될 수도 있습니다. 미디어를 올바르게 활용하여 풍족한 삶을 만들 수 있는 반면, 미디어의 부적절한 활용으로 나의 삶에 부정적인 영향을 줄 수도 있습니다. 양면성을 가진 미디어의 홍수 속에서 여러분들이 주도권을 가지고 휩쓸리지 않으며 건강하게 성장하길 바랍니다.

특히나 디지털 네이티브인 알파 세대들은 더욱더 미디어를 현명하게 활용하는 방법을 자세히 알아야 합니다. 태어나는 순간부터 옆에 스마트폰과 각종 SNS가 있었던 여러분들은 미디어와 함께 성장한다고도 감히 말할 수 있죠. 미디어와 함께하는 삶 속에서 여러분들에게 올바른 길을 제시할 수 있는 것이 바로 '미디어 리터러시 교육'입니다. 미디어 리터러시 교육은 미디어와 함께하는 삶 속에서 여러분에게 독이 아니라 약이 되는 길을 제시해 줄 것입니다. 선생님들은 여러분들이 이 책을 통해 미디어를 현명하게 소비하고 활용하는 능력을 함양하길 바랍니다. 알파 세대들이 미디어 리터러시를 함양하여 미디어 전성시대 속에서 길을 잃지 않고, 건강한 성장을 해 나가길 소망합니다.

이 책에는 여러분들과 비슷한 또래의 여러 인물이 등장합니다. SNS를 자주 하는 친구, 직접 만든 동영상을 올리는 유튜버 친구, 연예계에 관심이 많은 친구, 하기 싫은 과제를 나 대신 해 주길 바라는 친구 등이 나오지요. 나와 비슷한 등장인물과 주변 또는 뉴스에서 볼 수 있을 법한 사건들을 책에서 찾을 수 있을 것입니다.

여러분은 쏟아지는 가짜뉴스 중에서 믿을 만한 미디어를 찾는 방법을 알고 있나요? 해야 할 일은 많은데 계속 스마트폰이 하고 싶어질 땐 어떻게 해야 할까요? 다른 사람이 올린 게시물을 내가 똑같이 베껴서 올려도 되는 건가요? 생성형 AI로 미디어를 만들 때는 어떤 점을 주의해야 할까요? 사이버 학교폭력에는 어떻게 대처해야 할까요?

듣기만 해도 머리 아픈 질문들을 많이 했나요? 하지만 모두 여러분들이 답해야 하는 질문들입니다. 혼자서 올바른 길을 찾아가기는 어렵습니다. 하지만 책 속의 이야기와 선생님들의 설명을 따라가다 보면 우리는 이러한 질문들에 현명하게 답할 수 있을 것입니다. 미디어 홍수 속 알파 세대의 구원자, 미디어 리터러시에 대해 함께 알아봅시다.

미디어 없인 못 살아
정말 못 살아!

☆ 1

이제 선우에게 남은 숙제는 딱 하나였다. 바로 가정일을 하는 영상을 찍어서 브이로그로 만들어 내는 것. 영상을 찍어서 내는 숙제다 보니 다른 숙제에 비해 부담도 덜 되고 금방 해치울 수 있을 것 같아 마지막까지 남겨 둔 숙제였다. 그래도 막상 숙제할 시간이 다가오자 한숨이 절로 나왔다.

'이번 주에는 시작해야 다음 주 실과 시간까지 발표할 수 있을 것 같은데 다른 애들은 어떻게 했을까…'

달력을 보고 괜히 마음이 급해진 선우는 주머니에 있는 핸드폰을 주섬주섬 꺼내 들었다.

"어디 보자, 지민이는 했으려나?"

선우는 별스타 대화창을 열어 지민이의 아이디를 톡톡 치기 시작했다.

서누

가정일 브이로그 숙제함?

선우의 메시지가 전송되기가 무섭게 띠링 소리가 들렸다.

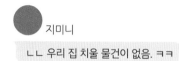
지미니

ㄴㄴ 우리 집 치울 물건이 없음. ㅋㅋ

나도 ㅇㅇ 음식이나 할까?

지민이의 대답을 들은 선우는 묘한 안도감과 함께 쿡쿡 웃음이 흘러나왔
다. 숙제에 대한 걱정도 잠시 지민이가 보내준 영상을 보고 배꼽이 빠질
듯 웃다 보니 시간은 어느새 10시를 가리키고 있었다.

　"실과 숙제해야 하니까 요리 유튜브 영상 하나만 더 보다가 자야지. 브이로
　그에 샌드위치 만드는 영상을 찍어 볼까?"

선우는 지민이와의 대화창을 닫고 유튜브를 켜기 시작했다. 하나씩 하나
씩 영상을 보다 보니 시간은 벌써 10시 30분을 넘어가고 있었다.
　'으악, 벌써 30분이나 흘렀다고? 시간이 정말 빠르잖아! 처음에는 정말
샌드위치 영상 하나만 찾아서 보고 잘 생각이었는데….'
몇 개의 영상밖에 보지 않았는데, 시간이 왜 이렇게 쏜살같이 흘러갔는지
선우는 믿을 수가 없었다.

☆ 2

시간은 빠르게 흘러 어느덧 가정일 브이로그 숙제 제출 전날 아침이 성큼 다가왔다. 선우는 교실 문을 힘차게 열고 들어갔다. 이미 교실은 북적북적했다. 아이들은 어젯밤에 함께 한 게임에 대해 이야기하거나 민이가 새로 올린 영상에 대해 이야기를 나누고 있었다. 유튜버를 하는 민이 옆에는 오늘도 친구들이 바글바글했다.

"민아, 네가 어제 올린 영상 벌써 조회수가 오백 회나 되더라?"

재원이가 민이의 어깨를 툭 치며 장난스레 말을 걸었다.

"당연하지, 기다려봐 그 영상 곧 있으면 이천 회는 금방 넘을걸?"

민이가 으스대면서 말했다.

"이천 회? 우와 민이 너 대단하다."

눈이 동그래진 재원이가 깜짝 놀라며 큰 목소리로 말했다.
재원이와 민이의 목소리가 커지자 민이의 유튜브에 영 관심이 없던 선우의 시선까지 자연스럽게 재원이랑 민이 쪽으로 향했다.

"좀 비켜줄래?"

드르륵 의자 긁는 소리가 나더니 한 친구가 자리에 앉았다. 리나였다.
목청 높여 떠들던 재원이도 리나의 말 한마디에 조용해졌다.
'재원이가 리나한테 고백했다가 차였다는 게 진짜인가 봐. 저렇게 말 한마디에 조용해진 걸 보면 말이야.'

선우는 확신이 가득 찬 얼굴로 두 사람을 바라보았다.

"리나야, 너도 나랑 유튜브 하나 안 찍을래?"

민이가 재원이와 리나 사이를 헤집으며 넌지시 제안했다.

'저번 주에도 대차게 거절당했던 것 같은데…'

선우의 생각이 채 끝나기도 전에 리나의 차가운 목소리가 반 친구들의 귀에 꽂혔다.

"미안, 난 유튜브 그런 거 관심 없어."

리나는 민이의 당황하는 표정은 아랑곳하지 않으며 단호한 대답과 함께 자리에 앉아 수업을 준비했다.

"아, 그래? 너는 별스타그램 팔로워가 많으니까 같이 하면 좋을 것 같아서 그랬어. 너는 별스타그램을 잘하고 나는 유튜브를 잘하니까…."

민이는 리나 앞에서 이 말 저 말 늘어놓다 대답 없는 리나의 모습에 무안함을 느낀 듯 자리로 돌아갔다.

'매일 유튜브 한다고 요란하게 구는 최민보다 그림으로 유명한 별스타그래머가 된 리나가 훨씬 멋있어. 역시 리나는 친구들한테 인기가 많을 만하다니까.'

잠시 후 종이 울리고 교실 앞문이 드르륵 열렸다. 아이들은 후다닥 자리에 앉아 선생님을 바라보았다.

"여러분, 우리 내일 5교시부터 가정일 브이로그 발표 있는 거 알죠? 선생님이 영상 어디에 올리라고 했죠?"

선생님이 학생들을 바라보며 말했다.

"공유방 링크요."

아이들이 입을 모아 한목소리로 대답했다.

"그래, 우리 반 홈페이지에 링크 올려둔 거 알고 있죠? 아, 아직 안 낸 사람
들 있던데 최민, 서은후. 내일 발표 전까지 영상 안 올리면 가정일 3개 하기
로 숙제량 늘릴 거야."

선생님이 짐짓 무서운 목소리로 아이들에게 으름장을 놓았다.

"선생님, 최민 어제 유튜브는 올렸는데요?"

하율이가 장난스러운 목소리로 선생님께 말했다.

"넌 그새 선생님께 이르냐?"

민이가 당황한 기색을 감추지 못하고 하율이에게 볼멘소리를 냈다.

"그래? 우리 민이는 커서 유튜버가 되려나? 민아, 유튜브도 좋지만 숙제를
먼저 해야죠. 유튜버는 얼마나 멋진 편집 실력으로 숙제를 완성해서 올릴지
기대가 좀 되는걸?"

선생님이 너스레를 떨며 아이들에게 말했다.

"선생님 저 유튜버 민미리민민 최민이에요. 가정일 브이로그는 껌이죠."

민이의 말에 순간 싸해졌던 교실 공기가 부드럽게 풀리고 교실에는 웃음이 번지기 시작했다.

"자자, 이야기는 여기까지 하고, 예비 종 쳤으니까 다들 수업 준비합시다. 우리 1교시 영어죠? 다들 디지털 교과서 챙기고. 복도에 줄 서세요."

선생님의 '디지털 교과서'라는 말에 모두 신이 났다. 요즘 학교에서는 디지털 교과서로 영어, 수학 수업을 하는데 수업 시간에 종이 교과서 대신 스마트 패드를 교과서로 쓸 수 있기 때문이다.

선우 역시 디지털 교과서 수업에 짐짓 설레기 시작했다. 디지털 교과서로 수업할 때는 클릭 몇 번에 유창한 발음을 들을 수도 있고, 매번 영어 학습지를 교과서에 붙이지 않아도 되어 훨씬 편했다.

"선우야 가자."

지민이가 디지털 교과서를 챙기는 선우의 어깨를 툭 쳤다.

"응, 그래 가자. 오늘 영어 수업은 연극하는 거였나?"

선우가 지민이에게 물었다.

"몰라, 선생님이 뭐라고 설명하셨는데 사실 이해가 잘 안 되더라. 일단 빨리 가자."

지민이가 고개를 갸우뚱하며 선우를 재촉했다.

☆ 3

교실로 들어오는 아이들을 바라보면서 영어 선생님이 방긋 웃었다.

"Hello, everyone. 우리 오늘은 reader's theater 연습하기로 했죠?"

선생님이 말했다. 선생님의 말씀에 아이들은 흐리멍덩한 눈빛으로 선생님의 눈치를 살폈다.

"선생님, 죄송한데 reader's theater 어떻게 하는 건지 이해가 잘 안 돼요."

지민이가 용기 내어 손을 들고 말했다.

"어머 저번 시간에 설명했는데 다른 친구들도 이해가 잘 안 됐었나요?"

선생님이 말했다. 선생님의 질문에 아이들은 머쓱해하는 표정으로 조용히 고개를 끄덕거렸다.

"그래서 여러분이 마치 처음 이야기를 들은 것처럼 선생님을 쳐다봤군요."

선생님은 머쓱해하는 아이들이 사랑스럽다는 듯 애정 어린 눈빛으로 학생들을 바라보며 말했다.

"오케이, 좋아요. 그럼 미국에 있는 학생들의 도움을 받아 볼까요?"

선생님이 말했다.

달칵- 마우스 소리와 함께 유튜브 속 영상이 켜지고 화면 속에서 열댓 살 정도 되어 보이는 학생들이 영어를 유창하게 읽기 시작했다. 토끼 귀처럼 보이는 머리띠로 한껏 치장을 한 학생도 강아지 꼬리를 달고 있는 학생도 보였다. 모두 각양각색이었다. 영상 속 학생들은 대본을 손에 들고 배우가 된 양 실감 나게 읽고 있었다. 몇몇 학생들은 감정이 북받친 듯 발을 쿵쿵 구르기도 하고 몸을 흔들기도 했다.

영상이 모두 끝난 후 선생님이 아이들을 보며 말했다.

> "자, 이제 선생님이 설명했던 reader's theater를 어떻게 하는 건지 좀 알겠나요?"
>
> "네 선생님. 영상으로 보니까 확실히 이해가 잘 돼요."

지민이가 웃으며 선생님을 바라보았다. 선우도 그런 지민이를 바라보면서 환하게 웃음 지었다.

> "좋아요. 지금부터 조를 만들고 함께 발표를 준비해 봅시다. 여러분들의 발표는 선생님이 직접 찍어서 각 반 학급 공유방에 올려 줄 거예요. 모두가 함께 볼 예정이니 열심히 준비하는 게 좋겠죠?"

선생님의 말씀이 끝나기가 무섭게 아이들이 분주해지기 시작했다. 어떻게 조를 나누고 짜야 할지 고민이 많아졌기 때문이다. 선생님은 그런 아이들의 마음을 읽기라도 한 듯 몇 마디 덧붙이셨다.

> "자자 조는 각자 스마트 패드에 있는 뽑기 기능으로 뽑을 예정입니다. 다들 디지털 교과서 펴세요. 스마트 패드 속 뽑기에 나와 있는 번호가 자기의 조 이름입니다."

묘한 적막과 긴장감이 흐르기 시작했다. 아이들은 선생님의 말씀과 동시에 웅성이기 시작했다.

'제발 리나랑 같은 조가 되게 해 주세요.'

선우는 오늘 아침 멋졌던 리나의 모습을 떠올리며 리나와 한 뼘 더 친해질 기회를 엿보았다.

"자, 다들 자기의 뽑기 번호를 확인하세요."

선생님의 말씀이 끝나기가 무섭게 아이들이 시끄러워지기 시작했다. 환호를 지르는 아이들과 탄식을 내뿜는 아이들 사이에서 선우는 마음속으로 쾌재를 불렀다.

'아싸, 리나랑 지민이랑 같은 조다!'

미디어, 너 정체가 뭐야

여러분은 앞선 이야기에서 나온 학생 중 누구와 가장 닮아있나요? 선우와 지민이처럼 인스타그램, 유튜브를 일상생활 속에서 자주 사용하는 학생일 수도 있고, 민이처럼 내가 자신 있는 분야에 관한 영상을 제작하거나 리나처럼 직접 그린 멋진 그림을 올려 사람들의 호응을 얻는 친구일지도 모르겠습니다.

이처럼 우리들의 일상생활은 인스타그램, 유튜브, 틱톡 등 다양한 플랫폼으로 둘러싸여 있습니다. 그리고 인스타그램, 유튜브, 틱톡의 세상 속에는 우리의 눈을 사로잡는 화려하고 짜릿한 영상이나 다양한 사진들이 올라와 있습니다. 덕분에 지구 반대편 미국 학생들이 영어 연극을 준비하는 영상을 볼 수도 있습니다. 그뿐만 아니라 내가 좋아하는 아이돌의 노래를 따라 추는 영상을 직접 올릴 수도 있고, 샌드위치를 만드는 방법을 찍어 친구들에게 전송할 수도 있습니다.

20년 전만 해도 학교에서 공부란, 종이에 연필로 이것저것 필기하고 달달 외워서 머릿속에 집어넣는 것이었다면, 요즘은 종이 대신 스마트 패드에 달린 카메라로 영상을 찍어 숙제를 제출하기도 합니다. 마치 이야기 속 '가정일 브이로그 만들기'처럼요!

그뿐만이 아닙니다. 과거에는 숙제 발표 날이 되면 친구들과 선생님 앞에서 무슨 말을 해야 할지 걱정하며 손은 꼼지락꼼지락 발은 달달 떨기 바빴다면, 지금은 우리 반 모두가 함께 볼 수 있는 공유방에 숙제를 올립니다. 친구들은 댓글로 감상평을 남기거나 '좋아요'나 '하트'를 눌러 감정을 표현하기도 합니다. 또한 더이상은 "선생님 숙제 안 가져왔어요!" 하는 핑계가 통하지 않는 시대이기도 합니다. 숙제는 스마트 패드나 스마트폰으로 언제 어디서든 올리고 확인할 수 있기 때문입니다.

더욱 놀라운 것은 교과서의 변신입니다.* 물론 여전히 종이 교과서를 사용하는 과목도 많지만, 2025년부터 우리는 수학이나 영어와 같은 과목을 스마트 패드를 사용한 디지털 교과서로 공부할 수 있게 됩니다. 디지털 교과서는 각자의 수준을 정확하게 판단할 수 있어 학생들에게 맞춤형 공부를 가능하게 할 뿐만 아니라 앞선 이야기의 선우처럼 학습지 관리나 학습 수준 진단 등에 큰 도움이 되기도 합니다.

학생들은 수학 시간에 스마트 패드 속 준비된 문제를 풀고 선생님께 그 결

---

* 디지털 교과서: 2025년 도입되어 교육 자료의 한 종류로 활용될 예정임.

과를 전송합니다. 그럼 AI가 직접 수학 문제를 채점 후 각자가 모르는 유형과 관련된 문제를 딱 집어 보여줍니다. 나만의 과외 선생님이 생긴 셈이지요. 그뿐만 아닙니다. 영어 시간에 영어 선생님 앞에서는 입이 꽁꽁 얼어붙었던 내향적인 친구들이 영어 수업 시간에 스마트 패드 속 원어민과 자유롭게 이야기를 나누기도 합니다. 이 모든 건 교실에 들어온 디지털 교과서가 만들어 낸 변화랍니다.

앞선 이야기 속 학생들의 모습처럼 우리는 늘 누군가와 정보를 주고받곤 합니다. 스마트폰을 사용하여 메시지와 영상을 친구에게 보내는 것이나 유튜브 속 짧은 클립 영상을 즐기는 것처럼요 이처럼 다양한 정보를 저장하고 전달하게 하는 것을 '미디어'라고 부릅니다. 라디오, 텔레비전, 스마트폰이 대표적인 예시입니다.

이미 우리의 생활 속에 깊숙이 파고든 미디어는 우리에게 큰 영향을 끼치고 있습니다. 지금 읽고 있는 이 책도 옛날부터 전해져 내려온 대표적인 미디어 중 하나입니다. 또 책을 읽고 있는 바로 지금 우리 주변에서도 미디어가 우리 생활 속으로 점점 더 침투하고 있을지도 모릅니다! 혹시 텔레비전 음향이 슬그머니 다가와 귀를 괴롭히고 있지는 않나요? 또 혹시 지금 당장 스마트폰을 열어 아껴둔 영상을 보고 싶지는 않나요?

이처럼 미디어는 현대 사회에서 빼놓을 수 없는 중요한 요소로 자리 잡았습니다. 그렇다면 사람들은 왜 미디어의 매력에 푹 빠지게 된 걸까요?

먼저, 미디어는 사람들에게 정보를 제공하는 역할을 하고 있습니다. 지구 반대편 저 먼 나라에서 일어나는 일도 단 몇 분 아니 몇 초 만에 알 수 있습니다. 뉴스에서 보도가 나오기도 하고 소셜네트워크서비스(SNS)에 있는 각국 사람들이 '지금 우리나라에서 이런 일이 일어나고 있어!' 하고 게시물을 올리기 때문입니다.

둘째, 미디어는 사람들의 여론을 형성합니다. 예를 들어, 이전에는 환경 문제의 심각성을 느끼고 사람들의 행동을 바꾸고 싶다고 생각하였을 때 "여러분 환경을 아끼고 사랑해야 합니다. 환경을 사랑하면 이런 점이 좋고 이런 점이 유용하고" 등등을 열심히 글로 쓰고 발로 뛰어야 했습니다. 하지만 지금은 다릅니다. 미디어의 발달로 사회 문제에 대한 사람들의 관심을 단숨에 끌어 올릴 수 있게 되었거든요! 일례로 스웨덴 출신 환경운동가인 그레타 툰베리는 환경 보호를 위해 학교를 나가지 않는 1인 시위를 벌이고 그 시위의 과정을 SNS에 올렸습니다. 10대 청소년에 지나지 않았던 그레타 툰베리의 용기 있는 행동은 사람들에게 긍정적인 연쇄효과를 불러일으켰고, '나도 환경을 위해 무언가를 해야겠다!'하는 의식을 일깨웠습니다. 그로 인해 그레타 툰베리는 여러 차례 중요한 국제회의에 초대받고 각국의 유명 인사들과 지도층 앞에서 일장 연설을 펼치기도 했습니다. 10대 청소년의 용기와 소셜 네트워크 서비스의 사진과 글 몇 자가 사람들의 인식을 변화시킨 것입니다!

셋째, 미디어는 우리에게 즐거움을 줍니다. 앞선 이야기에 나온 선우의 일상 꽤 익숙하죠? 유튜브의 영상, 쇼츠 혹은 인스타그램의 사진들, 틱톡의 영상 등 미디어 속 변화무쌍한 다양한 콘텐츠들은 우리의 눈과 귀를 끊임없이 홀립니다. 국내외 미술관 속 명화들을 설명하는 영상, 영화의 내용을 설명해 주는 게시물, 가수의 감미로운 노래를 들려주는 영상, 해외에서 활약하는 우리나라 스포츠 선수들에 대해 편집된 기사 등 많은 콘텐츠가 있습니다. 이와 같은 미디어 속 세상과 소통하는 과정은 단순한 재미를 넘어 여가 생활 중 하나로 당당히 자리 잡고 있습니다.

넷째, 미디어는 사람들의 교육 기회를 확대합니다. 미디어가 발달하기 전 최신 지식과 정보는 지배 계층의 전유물이었습니다. 돈이 많거나 신분이 높은 사람들은 세계의 새로운 소식을 속속들이 알 수 있었지만, 그렇지 않은 사람들은 사람들의 입에서 입으로 전달되어 변형된 지식 그것도 일부만을 습득할 수 있었습니다. 하지만 이제는 미디어의 발전으로 내가 관심 있는 분야의 지식을 얼마든지 찾아볼 수 있고 학습할 수 있게 되었습니다. 미디어를 통해 사람들은 지식과 정보를 더욱 쉽게 접할 수 있기 때문입니다. 특히 텔레비전 속 교육 프로그램, 뉴스 속 교육 기사 등 여러 미디어에서 제공하는 지식과 정보는 수준과 연령에 맞게 다채로워지고 있습니다. 평생 학습의 중요성이 커지는 현대 사회에서 미디어 속 맞춤형 학습 콘텐츠는 학습의 문턱을 낮추고 있습니다.

어때요, 생각보다 미디어가 우리 생활에 미치는 영향이 참 다양하죠? 미디어가 사람들에게 매력적으로 다가오는 또 다른 이유는 미디어가 시간의 흐름에 발맞추어 다양하게 변화해 왔다는 점, 또 지금 이 순간에도 변화하고 있다는 점입니다. 수천 년 전 조상들은 돌이나 동굴 심지어 나무 조각에 그림 등을 써넣어서 정보를 전달했습니다. 종이가 생긴 이후에는 종이에 글씨를 써넣어서 정보를 전달했습니다. 여러분들의 부모님이 어렸을 적인 30~40년 전만 해도 대표적인 미디어는 신문이나 잡지였고, 20년 전에는 라디오, 텔레비전이 가장 대표적인 미디어였습니다. 하지만 요즘은 유튜브나 인스타그램 혹은 틱톡과 같은 플랫폼들이 가장 많은 사람들에게 주목을 받는 미디어로 자리매김하고 있습니다. 길다면 길고 짧다면 짧은 시간 동안 미디어는 다양한 변신을 해 왔습니다. 그렇다면 지금부터 어떤 미디어가 어떻게 변해 왔는지 조금 더 자세히 살펴볼까요?

변화무쌍한 미디어 오늘도 변신 중!

글자가 없던 시절에는 어떻게 정보를 전달했을까요? 예를 들어 옛날 사람이 '빨간색과 하얀색이 섞여 있는 하트 모양의 꽃을 먹으면 시름시름 앓다가 죽는다.'라는 정보를 알았다고 생각해 봅시다. 목숨과 직결되는 매우 중요한 정보이니 모든 수단과 방법을 사용해서 후대 사람들에게 이 내용을 전달해야 했어요. 또 '얼굴에 큰 점이 있는 사람이 우리 부족에서 사냥을 가장 잘했고, 우리가 주로 사냥한 것은 들소와 염소이다.'와 같이 사람들 간에 일어난 인상 깊었던 사건을 기록하여 남기는 것도 꽤 중요하게 여겨졌습니다. 그래서 구석기 시대 사람들은 동굴 벽에 그림을 그려 사냥 방

▲동굴 벽화 　　　　　　▲고대 이집트 상형문자

〈고대 시대의 미디어〉

법이나 중요한 사건 등을 기록했습니다. 이와 같은 기록은 원시적인 형태의 미디어라고 할 수 있습니다.

청동기와 철기 시대는 훨씬 더 발전한 형태를 보입니다. 사람들이 드디어 '글자'를 사용하기 시작했기 때문입니다. 사람들은 글자를 사용해 정보를 기록하고 고유의 문화와 역사를 후대 사람들에게 전달했습니다. 대표적인 예로는 이집트의 상형문자를 들 수 있습니다.

중세 시대에는 우리가 지금까지 익숙하게 사용하고 있는 종이에 글을 적어 여러 사람들이 볼 수 있도록 하는 인쇄술이 발전했습니다. 대표적으로 15세기 독일의 구텐베르크라는 사람이 이 인쇄술을 크게 발전시켰습니다. 예전에는 글을 직접 손으로 하나하나 써서 정보를 전달했다면 구텐베르크 이후에는 지금의 프린터기처럼 글을 인쇄할 수 있게 되었습니다. 이를 계기로 책과 신문이 새로운 미디어로 빠르게 부상하기 시작했습니다.

▲구텐베르크 기념비

▲구텐베르크의 인쇄기

〈중세 시대의 미디어〉

19세기 근대에는 전화가 발명되었습니다. 전화의 발명으로 멀리 있는 사람끼리 서로의 목소리를 들을 수 있게 되었고 더욱 많은 정보가 빠르게 퍼지기 시작했습니다. 그뿐만 아니라 우리가 지금껏 널리 사용하고 있는 사진이나 영화 기술도 이때 발전하기 시작했답니다.

20세기는 라디오와 텔레비전의 시대라고 말할 수 있습니다. 혜성처럼 등장한 라디오와 텔레비전은 미디어의 역사를 뒤바꾸었습니다. 라디오는 소리로 정보를 전달하고 텔레비전은 소리와 영상으로 동시에 정보를 전달했어요. 덕분에 많은 사람들이 실시간으로 정보를 전달받을 수 있었습니다. 하지만 한 쪽에서만 정보를 전달하는 단방향 소통에 지나지 않았지요.

21세기 현재, 미디어는 인터넷의 대중화로 또 한 번 대변신을 시작합니다. 인터넷이 탑재된 핸드폰인 스마트폰 덕분에 사람들은 언제 어디서나 서로 소통하고 정보를 주고받을 수 있게 되었습니다. 유튜브, 틱톡, 인스타그램과 같은 소셜네트워크서비스(SNS)의 등장으로 정보를 소비하는 것을 넘어 누구나 정보를 생산할 수 있게 되었습니다. 라디오와 텔레비전의 시대에는 거대한 방송국에서만 일방적으로 정보를 전달할 수 있었다면 지금은 누구나 정보를 만들고 공유할 수 있게 된 것입니다.

더욱 놀라운 점은 코로나19의 등장으로 변화한 미디어 세상입니다. 코로나19로 인해 사람들이 서로 만나서 이야기하는 대면 활동이 불가능해지면서 미디어 세상에서는 그야말로 대격변이 일어났거든요! 집에 머무는 시간이 길어지면서 사람들은 넷플릭스, 디즈니플러스, 티빙과 같은 영화, 드라마 스트리밍 서비스(OTT)를 자주 이용하게 되었습니다. 이러한 변화로 인해 전통 강자로 불리던 텔레비전의 시청자 수가 눈에 띄게 줄어들었습니다. 일례로 예전에는 텔레비전 속 연예인이 유행의 시작이었다면 지금은 우스갯소리로 텔레비전에서 유행 혹은 유행어가 나오는 순간 그 유행어는 이제 힘을 잃었다고 평가받기도 합니다.

코로나19로 인해 소셜 미디어의 사용 역시 많이 증가했습니다. 이야기 속 선우와 지민이처럼 소셜 미디어 속 유행을 메시지로 공유하기도 하고 소셜 미디어에서 메신저로 이야기를 나누는 등의 방법으로 비대면이 대면을 대체한 것입니다.

또한 서로 만나지 못하니 회사에서 혹은 학교에서 사람들은 비대면으로 소통하고 정보를 주고받기 시작했습니다. 줌과 같은 쌍방향 소통 서비스를 통해 회의를 진행하거나 학교 수업을 하기도 했습니다. 인터넷만 있으면 언제 어디서든 정보를 주고받을 수 있고 일을 할 수 있는 시대가 찾아온 것입니다. 이에 따라 '디지털 노마드'라는 신조어가 등장했습니다. 노마드는 유목민을 뜻하는 단어로 정해진 주거지가 없이 이동하는 사람들을 가리킵니다. 이러한 노마드와 디지털을 합성한 용어인 디지털 노마드는 정보통신기술을 활용해 장소에 구애받지 않고 여기저기 옮겨 다니며 일하는 사람을 말한답니다.

이처럼 우리는 세상의 변화에 발맞추어 더 많은 정보를 빠르고 정확하게 주고받고 있습니다. 스마트폰의 등장으로 라디오와 텔레비전이 점점 등한시되는 것처럼 앞으로 또 다른 미디어의 등장으로 우리는 새로운 세상을 맞이하게 될 것입니다. 이처럼 미디어의 변화는 사람들이 어떻게 정보를 만들고 소비하고 공유하는지 보여 주는 역사랍니다.

▲고대 이집트 상형문자

▲책

▲전화

▲텔레비전

▲스마트폰과 SNS

〈미디어의 발전에 따른 모습〉

나는야 알파 세대, 미디어 세상 속 변화는 내가 주도한다!

미디어의 변화에 완벽하게 적응한 사람들이 있어요. 적응을 넘어 미디어를 주도하는 세대를 우리는 알파 세대라고 부릅니다. 알파 세대는 대략 2010년 이후 사이에 태어난 사람들을 말합니다. 알파 세대는 다른 앞선 세대들과 달리 인터넷이 이미 사람들 사이에서 보편적으로 사용될 때 태어난 세대입니다. 디지털 기술 속 세상에서 태어나고 자란 사람들이지요. 따라서 미디어 중 최근에 급속도로 발전한 디지털 미디어(SNS 등)에 대한 이해도가 매우 뛰어납니다.

이런 알파 세대는 디지털 온리라는 이름으로 불리기도 합니다. 디지털 온리(only)? 생소하지만 웃음이 나오는 재미있는 용어이지 않나요? 태어날 때부터 눈에는 텔레비전 손에는 스마트폰을 쥐고 태어나 글자를 배우기 전부터 화면을 확대하고 버튼을 클릭하는 것이 일상이 된 세대를 뜻합니다.

▲스마트폰을 쥐고 태어난 알파세대

디지털 온리 세대는 인터넷과 스마트폰 사용에 익숙해 소셜 미디어와 온라인 커뮤니케이션에 아주 능숙합니다. 사람들과 대면해서 대화하는 것보다 메신저로 연락하는 것이 더 편하고, 종이에 연필로 글을 쓰는 것보다 노트북이나 스마트 패드로 타자를 치는 것이 더 자연스러운 세대입니다. 디지털 온리라는 이름에 걸맞게 디지털 환경이 늘 둘러싸고 있지요. 새로운 플랫폼이 나타날 때마다 그 누구보다 먼저 사용하고 적응하고 발전시켜 사람들의 주목을 받기도 하는 유행의 선두 주자이기도 합니다.

'○○○ 챌린지'라고 불리며 SNS에서 화제가 된 노래로 안무를 만들어 유행을 선도하기도 하고 초등학생이 숙제로 찍은 쇼츠 영상이 인기를 끌어 모두의 주목을 받기도 합니다. 이처럼 알파 세대는 소셜 네트워크 서비스에 대한 감각이 뛰어납니다. 유튜브, 인스타그램, 틱톡 등의 플랫폼은 사용하기 쉽고 다양한 정보를 빠르게 전달할 수 있기 때문에 알파 세대의 생각을 표현하기에 아주 적합한 플랫폼입니다.

앞선 이야기 속 학생들을 떠올려볼까요? 민이는 유튜브에 올라갈 영상을 직접 제작했고, 선우와 지민이는 영상을 서로 공유하면서 즐거운 저녁 시간을 보내기도 했습니다. 리나는 인스타그램에 올라갈 그림을 직접 그리고 편집하여 올리면서 인기 인스타그래머가 되었습니다. 이처럼 알파 세대는 유튜브, 인스타그램, 틱톡 등의 영상 및 이미지 기반의 플랫폼을 즐깁니다. 또 선우의 저녁 시간을 훔쳐 가버린 클립 영상처럼 짧고 직관적이며 자극적인 콘텐츠를 즐겨 소비하는 경향이 있습니다.

미디어 세상의 중심이 텔레비전과 라디오였던 이전 세대의 사람들이 누군가가 전달해 준 정보를 단순히 소비하는 역할에 머물렀다면, 알파 세대는 정보를 만들어 내는 생산자로서 나만의 개성을 활발하게 표현하고 있습니다.

그런데 소셜네트워크서비스와 같은 새로운 미디어에 완벽하게 적응하고 있는 알파 세대를 반기는 사람들도 있지만 걱정의 눈초리로 바라보는 사람들 역시 점차 늘어나고 있습니다. 왜 이런 우려가 끊이지 않는 걸까요?

특명! 미디어에 푹 빠진 알파 세대를 구하라

디지털 미디어는 빠르게 발전하고 있습니다. 편리하고 재미있는 미디어 속 세상, 왜 선생님과 부모님은 미디어를 경계하라고 하시는 걸까요?

첫째, 미디어 세상은 우리의 주의 집중력을 떨어뜨립니다. 소셜 네트워크 서비스에서 실시간으로 생기는 다양한 정보가 멈추지 않고 우리의 뇌를 자극하기 때문입니다. 알고리즘은 우리가 정보를 찾아볼 때 가장 관련성이 높은 내용들을 AI가 직접 편집해서 제공하는 걸 말합니다. 알고리즘은 우리의 관심사를 순식간에 눈치채서 친구들의 소식, 다이어트 광고, 연예인 뉴스 등 자극적이고 재미있는 정보를 끊임없이 제공합니다.

문제는 이런 알고리즘의 유혹에 빠지면 한참 시간이 지나고 나서야 스마트폰에서 겨우 벗어날 수 있게 된다는 것입니다. 이 때문에 주의를 집중하여 문제를 해결하는 능력이 떨어진 알파 세대 학생들이 많답니다. 특히 공부할 때나 중요한 일을 할 때 알고리즘 속의 영상들을 손에서 놓을 수가 없게 된 거죠. 이는 우리의 학업 및 일상생활에 큰 불편함을 겪게 합니다.

둘째, 가짜 뉴스가 우리를 공격합니다. 알고리즘과 빠르게 변화하는 미디어 세계의 합동 공격으로 알파 세대는 엄청난 양의 정보에 노출되어 있습니다. 하루가 멀다하고 바뀌는 세상의 유행, 사람들의 관심사는 영상으로 또 가끔은 사진으로 또 어떨 때는 짧은 클립형 영상으로 탈바꿈하여 지속적으로 쏟아져 들어옵니다. 문제는 미디어가 전달하는 정보 중 잘못된 정보가 상당히 많다는 점이에요.

알파 세대는 디지털 온리라는 별명이 따라다닐 만큼 디지털 환경이 익숙합니다. 하지만 디지털 환경이 지나치게 익숙한 나머지 미디어 세상에서 보여 주는 정보가 모두 옳다고 생각하는 경향이 있습니다. 안타깝게도 유튜브, 인스타그램, 틱톡 등의 플랫폼에서의 정보는 정확하게 출처를 밝히지 않거나 신뢰하기 어려운 사이트에서 찾아온 정보를 임의로 편집해서 제공하는 경우가 있습니다. 그 중엔 진실이 아닌 정보들이 섞여 있지요.

예를 들어볼까요? '[충격 실화] 하루에 우유 1리터씩 마시면 누구나 키가 180cm이 넘어…' 라는 주제의 30초 짜리 영상을 보았다고 생각해 봅시다. 당장이라도 클릭하고 싶은 이 자극적인 영상에서는 말쑥하게 차려입은 BritishMilklover Institute 출신의 안경 낀 박사가 나와 "5년간 수천 명의 아이들을 대상으로 실험을 진행한 결과, 매일 우유를 1리터씩 마신 아이들은 평균적으로 10cm 이상 키가 더 자란 것으로 나타났습니다. 우유에는 칼슘과 단백질이 풍부하게 함유되어 있어 뼈를 튼튼하게 만들어 키가 자랄 수 있도록 돕습니다." 라고 말했습니다. 꽤 그럴듯한 정보죠?

자, 이 정보를 곧이곧대로 믿고 이제부터 매일 우유를 1리터씩 먹어야겠다! 하고 다짐하기 전에 정말 믿을 만한 정보인지 먼저 살펴볼까요? 먼저 안경 낀 박사님의 출신부터 밝혀봅시다. 박사님은 'BritishMilklover

Institute(영국우유사랑해 협회)' 출신 박사님이었습니다. 실제 존재하는 협회일까요? 그럴 리가요!

이처럼 세상에 존재하지 않는 출처를 꾸며내거나 신뢰성이 뚝 떨어지는 출처를 끌고 와서는 대단한 사실인 양 과장해서 게시물을 만드는 제작자가 늘어나고 있습니다. 혹시 과장해서 상황을 꾸며낸 것은 아니냐고요? 의심이 된다면 나의 소셜 네트워크 서비스의 알고리즘 속 영상을 자세히 살펴봅시다. 그중에 출처를 명확하게 밝힌 영상이 있는지 그 출처는 과연 믿을 만한지 말입니다.

셋째, 사생활이 침해될 수 있습니다. 알파 세대의 많은 친구들은 소셜 미디어에 일상생활을 공유하곤 합니다. 주말에 여행을 다녀온 후 다녀온 장소를 표시하기도 하고, 내가 먹은 음식을 자랑하기도 하고, 심지어는 우리 집의 모습을 자랑스럽게 찍어서 올리기도 합니다. 문제는 일상생활의 모든 부분을 친구 또는 불특정 다수의 팔로워와 공유하면서 각자의 개인정보가 보다 쉽게 노출된다는 점입니다. 내가 모르는 타인에게 전시하는 일상은 나쁜 의도를 가진 누군가에게는 큰 기회가 되기도 합니다. 타인의 개인정보를 나의 정보인 양 사용하는 개인정보 도용, 소셜 미디어 속 세상에서 알게 된 정보를 바탕으로 행하는 사이버 범죄 등 사생활 침해를 넘어선 사생활 위협이 일상화될 수 있습니다. 실제로 유명 유튜버가 방송에서 보여 준 집의 구조 등을 유심히 살펴본 악성 팬이 유튜버의 주소를 알아내 스토킹하는 사례가 잇달아 일어나고 있습니다. 자칫 잘못 사용하다가는 매우 심각한 범죄의 시작점이 되기도 합니다.

넷째, 소셜 미디어 속 세상에 심취해 나를 사랑하지 못할 수 있습니다. 소셜 미디어 속 유명한 유튜버, 틱톡커, 인스타그래머는 뛰어난 외모나 신체적인 조건 등으로 사람들의 인기를 끄는 경우가 많습니다. 문제는 유명한 인플루언서들을 본 몇몇 학생들이 자신의 외적 특성에 대한 지나친 불만족을 갖게 되어 자존감이 떨어지는 경우가 다수 생기고 있습니다. 특히 청소년기를 지나고 있는 학생들의 경우 심리적인 스트레스가 극대화되어 우울증이나 섭식 장애 등으로 이어지기도 합니다.

그뿐만 아니라 디지털 세상 속에 만연한 물질주의는 사람의 불안감을 촉진시킵니다. 예를 들면 나와 비슷한 또래의 친구가 고가의 명품백을 자랑하거나 고가의 스마트 기기를 소셜 미디어 세상 속에서 전시한다면 이를 부러워하고 따라 하고 싶어지는 것입니다. 나에게 정말 필요하지 않은 물건을 구매하거나 경제적 여유가 없음에도 불구하고 무조건적 모방에 휩싸이는 사람들이 우후죽순으로 생겨나고 있습니다.

외모 지상주의, 물질주의로 인한 비교와 경쟁 등은 소셜 네트워크 세상 속에 푹 빠져 있는 몇몇 사람들에게 심각한 정신적 악영향을 미칠 수 있습니다. 현실 세계 속의 나를 충분히 사랑하지 못하고 가상 세계 속의 나에게 지나치게 심취하여 정서적 안녕과 자아 존중에 부정적 영향을 끼칠 수 있기 때문입니다.

다섯째, 신체적으로 심각한 문제를 일으킬 수 있습니다. 누구나 한 번쯤 스마트폰이나 컴퓨터, 혹은 텔레비전의 화면을 오래 보다가 눈이 따갑거나 시야가 흐릿하게 보이는 느낌을 받은 적이 있을 겁니다. 특히 이야기 속 선우처럼 컴컴한 방에서 작은 스마트폰 화면에 집중하다 보면 눈이 순식간에 피로해집니다. 스마트 기기에 많이 노출될수록 시력이 나빠지는 것은 당연한 수순입니다. 그뿐만 아니라 스마트폰 속 작은 화면을 더 자세히 보기 위해 고개를 아래로 숙이거나 허리를 구부리며 영상을 보다 보니 거북목이 심해진 사람들도 종종 볼 수 있습니다.

실제로 학교 현장에서 디지털 교과서가 도입되려는 움직임이 보였을 때, 많은 사람들의 가장 큰 우려 중 하나는 다름 아닌 학생들의 건강에 대한 염려였습니다. 맞춤형 개별 학습도 좋지만, 학생들이 스마트 패드에 수업 시간 내내 노출되며 나쁜 자세로 목이나 허리를 다치거나, 시력이 저하될 수 있다는 연구 결과가 끊임없이 나오고 있기 때문입니다.

어떤가요, 미디어가 우리에게 주는 긍정적인 측면만큼이나 부정적인 면도 꽤 많다는 것을 알 수 있었습니다. 그렇다면 이제 우리는 미디어의 악영향이 두려워 미디어를 포기해야 할까요?

구원자: 미디어 리터러시의 등장!

포기하기는 이릅니다. 우리에게는 미디어 리터러시(media literacy)라는 새로운 구원자가 있거든요. 미디어 리터러시가 뭐냐고요? 유명한 학자들 역시 서로 머리를 맞대며 미디어 리터러시가 무엇인지 정확하게 정의하고자 했습니다. 그러나 학자마다 생각하는 미디어 리터러시의 뜻이 모두 제각각이었습니다. 다행히도 그 많은 의견을 모으고 걸러 공통적으로 나온 결과가 하나 있습니다. 바로 미디어 리터러시는 '미디어를 현명하게 사용하기 위해 꼭 길러야 하는 능력'이라는 것입니다.

'미디어 리터러시'라는 용어에 집중해 봅시다. 먼저 미디어 리터러시는 미디어와 리터러시라는 말이 합쳐진 합성어입니다. 미디어는 앞서 정의했듯, 정보를 저장하고 전달하게끔 하는 것을 의미합니다. 그리고 리터러시는 읽고 쓸 수 있는 능력을 의미하지요. 종합하자면 미디어 리터러시는 미디어 속 무분별한 정보 중 나에게 필요한 정보만을 선별하여 소비하는 '미디어 읽기' 능력과 미디어를 활용하여 콘텐츠를 직접 만들고 제작하는 '미디어 쓰기' 능력의 총집합체라고 이야기할 수 있습니다.

잠시 앞선 선우의 반 이야기 속으로 돌아가 볼까요? 선우와 지민이는 누군가 올려둔 미디어를 선별하여 읽어내는 '소비자'의 모습을 띠고 있습니다. 반면 민이랑 리나는 미디어의 흐름을 읽어내고 스스로 영상 혹은 이미지를 만들고 업로드하는 적극적 '생산자'의 모습을 갖추고 있습니다.

생산자와 소비자 중 누군가가 더 우월한 존재라고 볼 수는 없습니다. 생산자가 곧 소비자가 되기도 하고 소비자가 마음먹으면 언제든지 생산자가 될 수 있는 것이 최근 주목 받는 디지털 미디어의 특징이기 때문입니다. 생산자와 소비자 모두 현명하고 적절하게 미디어를 '읽고' '쓸' 수 있어야 합니다. 현명하게 미디어를 읽고 쓰기 위해서는 어떤 능력이 필요할까요?

교육부에서 2021년 9월 24일에 제정한 '디지털 기반의 원격교육 활성화 기본법'에서는 학교에서 디지털 미디어에 대한 접근·활용·이해·비판 등의 능력을 향상시키기 위한 교육을 실시하도록 권장하고 있습니다. 지금의 디지털 기반 사회에서 학생들이 미디어 리터러시 능력을 갖추는 것이 중요하다는 것을 강조한 것입니다.

교육부에서 중요하게 생각하는 미디어 리터러시 능력은 총 4가지입니다. 첫째, 디지털 미디어에 대한 접근 및 활용 능력 둘째, 디지털 미디어에 대한 이해 및 비판 능력 셋째, 디지털 미디어를 통한 사회참여 능력 넷째, 디지털 미디어를 통한 민주적 소통 능력입니다. 이 네 가지 능력은 디지털 기반 사회를 기초로 분류된 능력이긴 하지만, 디지털 미디어가 아닌 책, 뉴스 등 전통 미디어를 이용할 때도 꼭 필요한 기초적 능력이라 볼 수 있습니다. 좀 더 자세히 알아볼까요?

'접근 및 활용 능력'은 미디어를 사용하는 방법을 알고 적용하는 능력을 의미합니다. 예를 들어, 궁금한 내용은 인터넷에서 찾아서 해결하거나, 맛집에 대한 정보를 스마트폰에서 찾는 것, 가고 싶은 장소를 지도 애플리케이션에 입력하고 찾아가는 것 등 미디어를 사용해 문제를 해결하는 일상생활 속 능력을 미디어에 대한 접근 및 활용 능력이라고 부릅니다. 종합하자면 이 능력은 우리가 필요한 정보를 효과적으로 찾고, 올바르게 활용할 수 있는 능력을 말합니다.

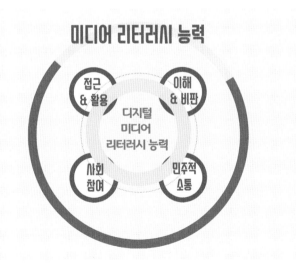

미디어 리터러시 능력

접근 & 활용

이해 & 비판

디지털 미디어 리터러시 능력

사회 참여

민주적 소통

필요한 정보를 효과적으로 찾는 것은 생각보다 쉽지 않습니다. 우리가 주로 사용하는 디지털 미디어는 인터넷을 기반으로 하는데, 이 인터넷은 정보의 홍수라는 별명이 붙을 만큼 다양한 정보들이 많습니다. 하지만 구슬이 서 말이라도 꿰어야 보배라는 말처럼 많은 정보들은 아직 꿰어지지 않은 구슬에 지나지 않습니다. 그저 돌아다니는 정보의 조각일 뿐이죠. 그렇다면 어떻게 인터넷 세상에 표류하고 있는 정보 구슬들을 꿰어서 잘 다듬어진 보배로 만들어 낼 수 있을까요?

먼저 내가 하고 싶은 질문이 무엇인지 명확하게 판단하고, 정확한 핵심어를 찾아내는 것이 필요합니다. 또, 원하는 정확한 정보를 얻기 위해 나에게 필요한 검색 엔진 혹은 애플리케이션에 핵심 단어를 간추려서 입력해야 합니다. 입력으로 나온 여러 결과물 중 내게 가장 필요한 정보만 선택하는 것 역시 필요합니다. 예를 들어 볼까요? 만일 우리가 집에서 올림픽 공원으로 가는 최단 거리를 알기 위해서는 집과 올림픽 공원이라는 핵심어를 뽑아낼 수 있어야 합니다. 또 원하는 정보를 얻기 위해 핸드폰 속 다양한 애플리케이션 중 지도 애플리케이션에 들어가서 올림픽 공원과 집의 주소를 입력해야 합니다. 마지막으로 검색을 통해 나온 정보 중 가장 최단 거리로 가는 방법을 선택해야 하는 거죠!

앗, 여기서 짚고 넘어가야 할 중요한 점이 하나 있습니다. 만일 최단 거리를 찾는 문제에서 우리가 지도 애플리케이션을 전혀 사용하지 못한다면 어떻게 될까요? 최단 거리를 찾기는커녕 지도 애플리케이션을 틀어 놓고 어찌해야 할 바를 몰라 발을 동동 구르고 있을지도 모릅니다.

장인은 도구를 가리지 않는다는 말을 알고 있나요? 장인은 어떤 도구를 사용하든 멋진 결과물을 만들어 낸다는 뜻으로 장인의 실력을 치켜세우는 표현입니다. 하지만 잘 생각해 봅시다. 만약 장인이 도구를 전혀 사용하지 못한다면요? 도자기를 굽는 장인인데 흙을 다룰 줄 모른다면요? 그것참 생각만 해도 민망합니다. 이처럼 우리도 디지털 미디어 속 정보를 내 손바닥 위에서 이쪽 저쪽으로 주무르기 위해서는 어떤 도구든 사용할 수 있는 사람이 되어야 합니다. 준비된 자만이 장인이 될 수 있습니다.

'이해 및 비판 능력'은 미디어 속에서 주어진 정보를 이해하고 필요에 따라 비판적으로 인식하는 능력을 의미합니다. 이는 특히 디지털 미디어 사회에 살아가기 위해서 매우 중요한 능력입니다. 인터넷 속에서는 반짝반짝 빛나는 진주 같은 정보도 있지만 이끼가 잔뜩 끼어 쳐다보기도 어려운 울퉁불퉁한 돌덩이 같은 정보도 있기 때문입니다. 따라서 우리는 미디어 세상 속 다양한 정보 중 신뢰성과 정확성이 높은 진주 같은 정보를 얻는 능력이 필요합니다. 이를 위해서는 미디어에서 제공되는 정보가 어디까지 사실이고, 어디서부터는 주관적인 의견이 포함된 내용인지 비판적으로 판별할 수 있어야 합니다. 미디어가 사람들에게 정보를 제공할 때 특정 관점이나 이익을 반영해서 제공하는 경우가 종종 있기 때문입니다.

예를 들어 한 가지 사건에 대해 보수적인 매체와 진보적인 매체가 보도하는 방법도 상반됩니다. 만일 대통령 선거에서 보수당 후보가 승리했다고 생각해 볼까요? 보수적인 매체는 이를 대서특필하고 후보의 정책이 얼마나 효과적이고 많은 지지를 받았는지 초점을 두어 설명할 것입니다. 반면 진보적인 매체는 선거가 정말 공정했는지 비판하거나, 선정된 후보의 공약이 터무니없음을 비난할 수도 있겠죠. 반대의 경우에도 마찬가지로 자기 집단에 유리한 정보를 내보낼 거예요.

그뿐만 아니라 미디어가 사람들에게 허위 정보를 퍼뜨리는 경우도 있습니다. 따라서 출처가 명확하게 명시되어 있지 않거나 출처 자체가 믿을 만하지 않은 경우는 경계 대상 1순위 정보임을 알고 경계해야 합니다. 앞선 BritishMilklover Institute 출신의 박사를 활용해 우유 판매량을 잔뜩 늘리려고 했던 검은 속내를 가진 정보처럼요!

따라서 우리는 지나치게 한쪽으로 치우친 정보인지 허위 정보는 아닌지 식별할 수 있어야 합니다. 이렇게 직접 걸러낸 올바른 정보를 바탕으로 내 의견을 덧대어 판단하는 것 역시 필요하겠지요.

'사회참여 능력'은 미디어를 통해 사회에 참여하는 능력을 의미합니다. 미디어는 정보를 전달하는 창구이기도 하지만, 얻은 정보로 다른 사람들과 소통할 수 있는 대화의 창구이기도 합니다. 따라서 우리는 미디어를 통해 여론을 형성할 수도 있고 형성된 여론에 동의하거나 반대하는 등 다양한 의견을 개진할 수 있습니다.

전통적인 미디어는 정보를 전달하는 것에 급급했다면 현대의 디지털 미디어는 정보를 서로 주고받을 수 있습니다. 소셜 네트워크 서비스, 블로그, 유튜브 등 다양한 플랫폼을 통해 개인의 의견을 자유롭게 표현하고 이를 통해 개인의 목소리를 사회에 전달할 수 있습니다.

2017년 할리우드에서는 미투 운동(MeToo Movement)이 확산되었습니다. 할리우드의 유명 제작자가 저지른 성 추문 사건을 계기로 피해자들이 자신이 겪은 성폭력 혹은 성희롱 사건을 공유하며 성폭력 문제에 대한 사회적인 인식을 높이는 행동을 한 것입니다. 미투 운동은 특히 소셜 미디어를 통해 확산되었다는 점에서 눈길을 끕니다. 페이스북, 트위터 등의 소셜 미디어에 #MeToo(나도 당했다)라는 해시태그를 사용함으로써 연대 의식을 높인 것이지요. 이는 단순히 미디어를 소비하는 것을 넘어 미디어를 활용하여 자신의 의견을 맹렬하게 개진하고 정보를 필요에 따라 흩뿌리는 등 미디어를 통한 여론 형성의 과정을 보여줍니다.

아직 놀라기는 이릅니다. 디지털 미디어의 발전이 나라의 민주주의를 영향을 미치기도 했거든요! 바로 2019년에 일어난 홍콩 민주화 운동이 그 예입니다. 2019년 홍콩에서는 중국의 지원 요청이 있을 경우 홍콩 경찰은 개인을 수색하거나 증거 수집을 위해 사유지에 진입할 수 있으며 홍콩 내 자산을 압수 또는 동결할 수 있다는 의미를 지닌 '범죄인 인도 법안'을 만들었습니다. 하지만 홍콩 내에서는 '우리는 중국의 속국이 아니다.' '이 법안은 홍콩의 민주주의를 퇴보시킨다.' '시민들의 사생활과 언론의 자유를 탄압하지 말아라.'라고 주장하며 반대하는 사람들이 많았고, 반대하는 사람들은 법안 철회 시위를 시작했습니다. 이때 시위대는 라이브 스트리밍 서비스 등을 통해 홍콩의 현 사태를 전 세계에 적극적으로 알리며 민주주의를 위한 투쟁을 보여 주었습니다. 스트리밍 서비스를 통해 사태를 알게 된 전 세계 각국의 사람들은 홍콩 정부를 맹렬히 비난하며 시위대에게 '민주주의는 살아있다.' '힘을 내야 한다.'와 같은 지지의 표현을 남기기 시작했습니다. 세계의 여론이 들끓자 홍콩 정부는 해당 법안을 철회하게 되었고 시위대의 시위는 막을 내렸습니다.

과거 우리나라의 이야기를 살펴볼까요? 우리나라에서도 홍콩과 같은 민주화 운동이 광주에서 일어났습니다. 바로 역사 교과서에서도 쉽게 찾아

볼 수 있는 5·18 민주화 운동입니다. 5·18 민주화 운동은 2019년 홍콩의 민주화 운동과 사뭇 달랐습니다. 당시에는 TV, 라디오와 같은 전통적 미디어만이 유일한 소통의 창구였기 때문에 언론을 탄압할 수 있었거든요. 이와 같은 언론 탄압은 같은 대한민국에 살고 있음에도 광주에 살고 있지 않은 사람들은 5·18 민주화 운동에 대한 정보를 받지 못하는 어처구니없는 사태를 만들어 냈습니다. 어때요, 세상 모든 사람과 손쉽게 정보를 주고받을 수 있는 현재가 감사하게 느껴지지 않나요?

민주적 소통 능력은 미디어로 형성된 토론 공간에서 민주적으로 서로 이야기를 나누는 것을 의미합니다. 얼핏 보면 단순해 보이는 민주적 소통 능력은 사실 앞서 제시한 세 가지의 능력을 모두 갖추었을 때 비로소 얻을 수 있는 능력입니다. 민주적 토론이 이루어지기 위해서는 올바른 정보를 바탕으로 자신의 의견을 주장하는 것이 매우 중요합니다. 여기서 올바른 정보란 이해 및 비판 능력을 통해 걸러진 신뢰성 높은 정보를 의미합니다. 예를 들어 '우유를 꼭 먹어야 해.'라는 주장에 뒷받침 정보로 앞선 British-Milklover Institute 출신의 박사의 연구를 제시한다면 아무도 믿어주지 않는 것처럼요. 더하여 토론 과정에서 자신의 의견을 주장하기 위해서는 사회참여 능력이 기반이 되어야 합니다. 다양한 의견이 서로 자유롭게 교환되어야 토론이 이루어질 수 있기 때문입니다. 물론 이를 위해서는 미디어 장인이 되어 이리저리 도구를 활용하고 미디어 속 정보를 선별하는 접근 및 활용 능력이 필요합니다.

자, 여기에 사람들이 서로 자유롭게 이야기를 나눌 수 있는 인터넷 커뮤니티가 있습니다. 이 커뮤니티에서 사람들은 정보를 생산하기도 하고 소비하기도 합니다. 여론을 만들기도 하고 사람들의 여론에 힘입어 행동하는 사람들도 있습니다. 만일 커뮤니티에 '[단독보도] 주 4일 근무제 시행을 위한 여론 조사 예정'이라는 기사가 올라왔다고 생각해 봅시다. 해당 기사가 올라옴과 동시에 사람들은 댓글로 여러 의견을 주고받을 것입니다. 주 4일 근무에 적극적으로 찬성하는 사람도 있겠지만 열렬히 반대하는 사람들도 있을 테니까요. 이때 미디어 리터러시를 갖추었다는 것은 자신의 의견을 내세우기 위해서는 어떤 신뢰성 높은 정보가 필요할지 알고 원하는 여론을 형성하기 위해서는 어떻게 논리적으로 주장할 수 있을지 생각해 본 후 이에 필요한 자료를 가장 적합한 미디어를 활용하여 수집하는 것입니다. 마지막으로는 수집한 자료를 바탕으로 글을 남기고 저작권을 고려하여 자료의 출처를 남기는 것이 중요하겠죠.

결국 앞서 제시한 접근 및 활용 능력, 이해 및 비판 능력, 사회 참여 능력, 민주적 소통 능력 이 네 가지 능력은 서로 얽히고설켜 있는 능력들입니다. 이 네 능력이 동시에 발현되었을 때 우리는 미디어 리터러시를 갖춘 사람이 됩니다.

미디어 리터러시는 우리가 미디어 환경에서 더 현명하고 안전하게 행동하며, 효율적으로 미디어를 활용할 수 있도록 도와주는 중요한 능력입니다. 그러나 기술의 발전과 함께 또 완전히 다른 새로운 형태의 미디어가 등장할 수 있음을 염두에 두어야 합니다. 책과 같은 서술형 미디어에서 TV, 라디오와 같은 전통적인 방송 매체, 소셜 네트워크 서비스와 같은 디지털 미디어로의 변화가 있었듯 말입니다.

두려워 마세요. 미디어 리터러시 능력을 충분히 가진 사람이라면 새로운 미디어 환경에서 요구되는 미디어 리터러시 자질 역시 금세 배우고 적용할 수 있을 테니까요!

👍 추천합니다!

EBS 드라마 〈하트가 빛나는 순간〉

7년 전 초등학생 먹방 크리에이터로 활동하던 최빛나라. 악플과 친구들의 놀림으로 크리에이터를 포기한 이후 빛나라는 중학교 3년간 존재감 없이 채 학교 생활을 이어나갔다. 고등학교에 진학한 빛나라는 모두의 이목이 쏠린 웹 예능 '고하트'에 출연 신청서를 내게된다. 과연 빛나라는 웹 예능 '고하트'에서 존재감을 회복할 수 있을까?!

활발하게 미디어를 소비하고 생산하는 청소년들에 대한 이야기예요! 이 드라마를 보면 미디어가 개인의 생각과 감정에 어떤 영향을 미치는지 알 수 있어요. 또 드라마 속 상황에서 허위 정보나 왜곡된 사실이 등장할 때 등장인물들이 문제를 처리하는 과정도 나와요. 드라마를 통해 미디어 리터러시의 필요성을 알아보아요.

근데, 너희 그거 봤어?

☆ 1

"선우야 선우야 너 그거 봤어? 물결소녀즈 지은이랑 블루문 성민이랑 사귄
대! 둘이 같이 밥 먹는 걸 봤대!"

민이가 아침에 학교에 도착하자마자 책을 읽고 있던 선우에게 말을 붙였
다. 민이는 요즘 연예계 뉴스를 보고 선우와 이야기 나누는 재미에 푹 빠
져 있었다.

시작은 쇼츠 한 개였다. 최근 해체한 아이돌 그룹의 멤버 사이에 불화가
있었다는 내용이었다. 인기가 그렇게나 많던 그룹이 왜 해체했을까 궁금
했기에 민이는 다음 영상으로 넘기려던 손을 멈추고 끝까지 영상을 보았
다. 그다음 영상도 같은 채널의 영상이었다. 그렇게 두세 개 영상을 보자
비슷한 주제의 영상이 잇따라 뜨기 시작했다. 주로 연예인의 개인적인 이
야기였다. 그 뒤로도 민이의 호기심을 자극하는 영상들이 계속 떴다. 민이

는 영상을 넘기는 손가락을 멈추지 못했다. 흥미로워 보이는 영상은 끝이 없었다.

제법 많이 보았다고 생각했지만, 연예인 뉴스에 빠삭한 선우는 늘 민이보다 먼저 알고 있었다. 이번에도 이미 봤을까? 하지만 어제 민이가 본 영상은 조회수가 아직 2만 회밖에 되지 않는 따끈따끈한 내용이어서 민이는 내심 기대했다.

"나도 그거 봤어. 인천공항에서도 같이 사진 찍혔더라."

아니나 다를까. 선우는 휴대전화를 꺼내서 사진 하나를 보여 주었다. 광고를 피해 화면 스크롤을 내리자 기사 사진 속에는 얼굴을 꼭꼭 숨긴 두 사람이 따로따로 공항을 빠져나오는 장면이 찍혀 있었다. 푹 눌러쓴 모자와 선글라스로 얼굴을 가렸지만 민이는 지은과 성민이라는 걸 알 수 있었다.

"진짜 잘 어울리지 않아?"
"괜히 사귄다는 소문 도는 게 아니었어."

민과 선우가 정신없이 열애설 이야기를 하는 사이 친구들이 하나둘씩 등교하기 시작했다. 처음 듣는 이야기, 게다가 누가 사귄다니! 등교하자마자 들리는 재미있는 이야기에 친구들은 귀를 쫑긋 세웠다. 선우의 뒷자리인 하율이가 은근슬쩍 말을 얹었다.

"진짜야? 그거 어디서 봤어?"
"그러니까 어디서 찾아봐? 뭐라고 쳐야 해?"

덩달아 친구들이 묻자 민이가 반짝이는 눈으로 속닥거렸다.

"궁금해? 알려줄까?"

그동안 찾아온 보물창고를 자랑할 시간이었다. 민이는 괜스레 어깨가 으쓱해지는 것을 느끼며 휴대전화를 켜 채널을 검색해 친구들에게 내밀었다. 화면 속 채널에는 화려한 영상이 한가득이었는데, 모두 연예인에 관한 내용이었다. '충격 졸업사진, 성형 안 한 거 맞아?', '블루문 학교폭력 논란…', '물결소녀즈 곧 컴백?' 가장 최신 영상 제목에 하율이는 홀린 듯 영상을 눌렀다.

"와, 물결소녀즈가 8월에 컴백할 거라고? 용돈 모아야겠다."
"민민, 여기 정보 진짜 많다. 근데 믿을 만한 채널이야?"
"그러게. 그냥 막 얘기하는 거 아니야?"

갑작스레 바뀐 친구들의 태도에 민이의 자존심이 상했다. 민이도 인터넷상에 있는 정보들이 다 믿을 수 있는 것은 아니라는 것쯤은 알고 있었다. 하지만 민이가 보는 그 채널은 이름에 '뉴스'가 들어가 있었다. 민이는 영상 아래에 채널 이름을 가리키며 말했다.

"봐봐, JM뉴스라고 되어 있잖아. 인터넷 방송사라고."

민이의 말에 '오 그러네' 하며 친구들이 고개를 끄덕였다. 자기 말의 신뢰도가 쑥 올라간 모습에 민이는 뿌듯했다.

☆ 2

"근데 너희 그거 들었어?"

그날 아침 이후로 친구들은 이 대화로 하루를 시작했다. 삼삼오오 둘러 모여서 집에서 본 각종 뉴스를 서로 나누었다. 누구와 누가 사귄다더라, 싸웠다더라로 시작하는 흥미로운 내용을 보면 서로 링크를 공유했다. 그런 이야기는 집에 와서도 이어졌다.

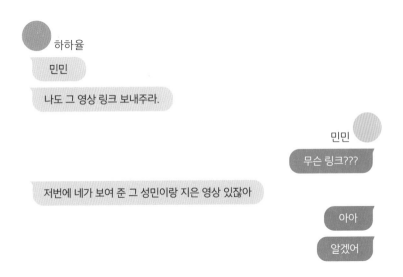

친구들이 아침마다 이야기하는 내용이 궁금한 반 친구들은 민이에게 연락하기 시작했다. 이야기들은 금세 친구들 사이에 퍼져나갔고, 민이는 재밌는 영상이나 뉴스 기사를 보내달라는 연락을 자주 받았다.

저녁 시간이야말로 민이가 가장 바쁘고 즐거운 시간이었다. 바로 아이돌 뉴스 찾아보기! 영상으로 시작했던 민이는 점점 넓고 깊은 정보들을 찾기 시작했다. 저녁을 먹고 나서 민이는 내내 아이돌 정보 찾기에 몰두했다. 민이는 전날 밤에 찾아본 정보를 아침마다 친구들에게 알려주었고, 민이의 정보는 하율이를 통해 더 멀리 퍼져나갔다. 친구들은 민이의 정보력에 늘 감탄했다. 가끔 복도에서 만난 친구들이 신기해하며 묻기도 했다. 어떻게 그렇게 많이 알아? 대단하다. 그럴 때마다 민이는 별것 아니라는 듯 답했다.

"의외로 얼마 안 걸려."

그 말은 거짓말이 아니었다. 어느 순간 이후로 유튜브에는 굳이 검색하지 않아도 민이가 관심을 가질만한 제목과 섬네일이 더 많이 보였고 더 다양한 채널과 기사들이 떴다. 민이의 아이돌 세계는 더 넓어지고 있었다.

 3

하하율

민민

늦은 저녁, 민이의 휴대전화 알림이 울렸다. 하율이의 연락이었다. 포털 사이트에 이것저것 검색해 보고 있던 중이어서 무시할까 했지만, 화면 위쪽에 뜬 다급한 문장에 민이는 대화창으로 들어갔다.

하하율

민민민민 큰일 났어!

민민

왜??

네가 가르쳐준 그 채널 있잖아 고소당했대!!

고소? 왜? 누구한테???

지은이랑 성민이 루머 퍼뜨렸다고 고소했대…

진짜 아니었나 봐

민민ㅠ 채널이 없어졌어

민이는 허망하게 빈 화면을 들여다보았다. 유튜브에 JM뉴스를 아무리 검색해도 나오지 않았다. 이름을 바꿔보고 띄어쓰기를 해 보아도 JM뉴스가 고소당했다는 영상만 뜰 뿐이었다. 대신 포털 사이트에 JM뉴스를 검색하자 여러 건의 최신 기사가 떴다.

"50만 팔로워 JM뉴스… 사실 가짜 뉴스? 소리 소문 없이 삭제돼…"

민이는 떨리는 손으로 기사를 클릭했다. '허위 사실을 유포하여 물결소녀즈를 비롯한 여러 아이돌 그룹이 고소한 JM뉴스 채널이 결국 삭제되었다'라는 문장에 민이는 당황하며 화면을 껐다.

'내가 지금까지 본 것들은 사실이 아니었구나. 내가 가짜를 퍼뜨리고 있었구나!'

진짜 같은 가짜

가짜 뉴스? 진짜 뉴스?

여러분은 진짜인 줄 알고 했던 이야기가 사실은 진실이 아니라는 걸 알게 된 적 있나요? 마치 민이나 하율이처럼 말입니다.

인터넷은 '정보의 바다'라고 불리기도 합니다. 바다만큼 정보가 많고 깊기 때문에 붙인 이름입니다. 우리는 깊고 넓은 인터넷의 수많은 정보 중 내가 관심 있는 것을 골라서 보고 듣습니다. 우리는 모두 그 정보가 100% 사실은 아니라는 걸 알고는 있습니다. 하지만 어떤 정보가 사실인지 아닌지 구분하기란 어려운 일입니다. 특히 뉴스의 모습을 한 '가짜 뉴스(fake news)'의 경우에는 더욱 헷갈립니다.

가짜 뉴스란 무엇일까요?

우리나라 언론이 건전하게 발전하기 위해 만들어진 '한국언론진흥재단'에서는 가짜뉴스를 다음과 같이 정의했습니다. '정치적 경제적 이익 목적을 가지고 언론보도 형식으로 유포한 의도적 거짓 정보'. 즉, 가짜뉴스란 누군가 이익을 얻기 위해 거짓 정보를 진실처럼 알리는 것입니다. 이야기 속의 JM뉴스는 조회수와 구독자라는 이익을 얻기 위해 가짜 뉴스를 퍼트리고 다녔지요.

가짜 뉴스는 거짓 정보를 보도하는 것뿐만 아니라 민이와 하율이가 속았던 것처럼 유명한 언론사인 척 이름을 짓거나, 비슷한 로고를 넣어 사람들이 더욱 신뢰할 수 있도록 만들기도 합니다. 따라서 우리는 모든 언론사를 무조건 신뢰하기보다는 비판적으로 바라보아야 합니다.

이제는 허위 조작 정보?

우리가 접하는 많은 정보가 꼭 뉴스의 형태를 띠고 있지는 않습니다. 누군가의 SNS에 올라온 글일 수도 있고, 사진일 수도 있고, 영상일 수도 있습니다. 그렇다면 거짓된 정보를 담고 널리 퍼졌지만 뉴스가 아닌 영상이나 글은 뭐라고 부를까요? 이러한 요즘의 상황에 맞는 더 정확한 용어가 있습니다. 바로 '허위 조작 정보'입니다.

'허위 조작 정보'란 의도적으로 그럴듯하게 조작된 정보로, 뉴스 형태에 한정하지 않고 인터넷과 SNS 등을 통해 확산되는 거짓 정보를 말합니다. 지금처럼 인터넷이 보편화되기 전에는 주로 종이 신문과 뉴스 방송을 통해 최신 정보를 얻을 수 있었습니다. 하지만 인터넷이 발달하고 스마트폰을 통해 손쉽게 정보를 만들고, 확인하고, 퍼뜨릴 수 있게 되면서 뉴스 형태가 아닌 정보를 인터넷과 SNS에서 접할 수 있게 되었습니다.

정보 기술의 발달과 SNS는 많은 사람이 쉽게 정보를 접하고 생산할 수 있다는 장점도 있지만, 종이 신문보다 훨씬 더 멀리, 빠르게 허위 정보가 퍼지고 이때 허위 정보를 정정하기가 더 어렵다는 단점도 있습니다.

한국언론진흥재단에서 조사한 2021 소셜 미디어 이용자 조사에 따르면 응답자의 58.4%는 허위 정보가 주로 확산되는 소셜 미디어로 '유튜브'를 꼽았습니다. 두 번째로는 10.6%로 카카오톡이 꼽혔습니다. 이처럼 정보가 퍼지는 방법이 인터넷과 SNS로 확장되었기 때문에 가짜 뉴스보다 더 넓은 개념이 필요해진 것입니다.

또한 '가짜 뉴스'라는 용어는 그동안 오용되기도 했습니다. 정치적으로 다른 의견을 가진 상대를 공격하기 위해 반대 의견을 낸 기사를 가짜 뉴스라고 비난하면서, 가짜가 아닌 정보도 가짜 뉴스로 불리게 되었습니다. 그 결과 가짜 뉴스의 의미가 변질된 것입니다. 이러한 이유로 우리나라를 비롯한 미국이나 영국 등 여러 나라에서는 가짜 뉴스 대신 허위 조작 정보라는 용어를 사용하도록 권하고 있습니다.

삐빅, 허위 정보 딱 걸렸어!

허위 조작 정보는 비단 인터넷 발달 때문에 생긴 것은 아닙니다. 아주 오래전부터 사람들은 자신의 이익을 위해 거짓된 정보를 퍼뜨리기도 했습니다. 우리나라에 퍼졌던 허위 정보는 무엇이 있었을까요?

(1) 간토 대지진과 대학살

1923년 9월 1일 일본 간토(관동) 지역에서 대지진이 발생해, 40만 명이 행방불명 되거나 사망하는 등 일본은 큰 피해를 보았습니다. 당시 일본은 제1차 세계대전 후 경제가 어려웠고 정치적으로도 여러 세력이 등장해 혼란스러웠습니다. 일본의 수도인 도쿄와 가까운 지역에서 벌어진 재난에 일본 정부는 국민들의 불만을 잠재우고자 계엄령을 내리며 조선인이 폭동을 일으켰다, 폭탄을 지닌 사람이 있다, 우물에 독을 탄다는 등의 소문을 의도적으로 퍼뜨렸습니다.

군인뿐만 아니라 일본 시민들이 자경단을 결성해 조선인을 체포, 구타, 학살하여 수많은 한국인이 무고하게 죽임을 당했습니다. 이후 학살 사건이 알려지자 일본 정부는 모르는 체하며 자경단의 탓으로 돌렸고, 일부가 재판을 받게 되었지만 증거가 불충분하다는 이유로 모두 석방되었습니다.

간토 대지진 학살 사건은 우리나라의 씻을 수 없는 큰 상처이자 일본 정부의 이익을 위하여 의도적으로 거짓 소문을 퍼뜨린 허위 조작 정보의 사례라고 볼 수 있습니다.

(2) 코로나19와 허위 정보

2019년 겨울부터 2022년까지 전 세계는 코로나19라는 처음 겪는 팬데믹 상황에 여러 어려움을 겪었습니다. 코로나19는 전염성 때문에 사회에 큰 혼란을 주기도 했지만 이를 둘러싼 가짜 뉴스 때문에 혼란이 일어나기도 했습니다. 예를 들어, 코로나19 백신에 이동통신 기술인 5G를 심어 사람들을 제어하려고 한다, 백신이 사람의 DNA를 바꾸어 유전자 조작이 일어난다, 백신이 코로나19를 유발한다, 백신에 마이크로칩이 들어있어 빌 게이츠가 위치 추적을 하려고 한다는 등 온갖 백신과 관련된 허위 정보가 널리 퍼졌습니다. 그 외에도 뜨거운 물을 마시면 코로나19에 걸리지 않는다, 10초 숨 참았을 때 가슴이 답답하면 코로나19에 걸린 것이라는 출처가 불분명한 정보들이 퍼지면서 혼란이 발생하기도 했습니다.

이러한 소문은 모두 거짓으로 밝혀졌습니다. 하지만 등교와 출근조차 멈출 정도로 사회가 혼란스러운 와중에 허위 정보를 접한 사람 중 일부는 백신을 거부하거나, 필요한 방역 수칙을 지키지 않는 등 코로나19 방역에 지장을 주는 행동을 했습니다. 이러한 이유로 코로나19 백신과 관련된 가짜 뉴스도 사회에 큰 영향을 미쳤습니다.

(3) 연예인 관련 허위 사실과 사이버 레커(cyber wreaker)

민이와 하율이가 본 영상처럼 연예인과 관련된 허위 사실은 쉽게 접할 수 있습니다. 최근에는 글보다는 주로 영상을 통해서 허위 사실이 퍼집니다. 사람들은 다양한 SNS를 통해 허위 사실을 접하고 주변에 공유하면서 예전보다 더 널리, 많은 사람들에게 퍼트리게 되었습니다.

이를 악용하여 관심을 받고 조회수를 올려 돈을 벌고자 하는 사람들이 있습니다. 온라인에서 논란이 된 주제 또는 논란이 될 만한 주제에 대해 짜깁기한 내용을 영상으로 만들어 조회수를 올리는 사람들을 '사이버 레커'라고 부릅니다. '레커'는 교통사고가 났을 때 사고가 난 차를 옮겨주는 견인 차량을 말합니다. 사고가 났을 때 가장 먼저 현장으로 달려가는 '레커'처럼 온라인상에서 논란이 된 주제에 가장 먼저 달려가 사람들이 관심을 끌 만한 내용을 만든다는 의미입니다. 사이버 레커들이 올린 허위 사실로 인해 관련된 사람들이 경제적 손해를 입거나 그들의 명예가 훼손되기도

합니다. 그러나 인터넷상에 정보가 남아 있기 때문에 마치 악플을 단 사람을 찾아내듯이 제작자를 찾아내어 처벌할 수 있는 가능성도 높습니다. 최근에는 많은 연예인이 사이버 레커 채널을 고소하며 차후에 다시 이런 일이 발생하지 않기를 바라는 마음으로 선처하지 않겠다는 입장을 밝히기도 했습니다.

이렇듯 허위 정보를 유포하여 상대가 손해를 입는다면 명예 훼손, 모욕죄로 처벌을 받을 수도 있고, 피해를 당한 당사자에게 손해를 배상해야 할 수도 있습니다. 위에서 본 몇 가지 가짜 뉴스들처럼 허위 조작 정보는 개인에게 잘못된 정보로 피해를 주기도 하고 더 크게는 사회 전체의 혼란을 일으킬 수 있습니다. 특히 인터넷이 발달하며 더 쉽고 빠르게 퍼질 수 있는 만큼 관련된 법이 만들어지고 여러 기관에서 신고를 받으며 허위 정보로 인한 피해를 줄이려고 노력합니다.

허위 조작 정보로 피해를 줄 목적이 아니었더라도 손해를 입은 사람이 있다면 손해배상이나 명예훼손으로 책임을 지게 될 수 있습니다. 만일 허위 조작 정보를 담고 있는 가짜 뉴스를 발견했다면 한국언론진흥재단의 '가짜뉴스 피해 신고 상담 센터' 또는 한국 인터넷 자율 정책 기구의 '가짜 뉴스 신고 센터'에서 신고할 수 있습니다. 더 나은 인터넷 환경과 가짜 뉴스 근절을 위해 가짜 뉴스를 발견하면 신고하는 것이 좋습니다.

무엇이 우리의 비판적 사고를 방해하나

앞에서 우리는 허위 정보가 무엇인지 그리고 허위 정보의 예시를 살펴보았습니다. 하지만 정보의 바다속에서 우리의 정확한 판단을 방해하는 요소는 또 있습니다. 오해를 불러일으키고, 잘못된 판단을 내리게 하거나 다양한 정보를 받아들이는 것을 방해하는 것은 무엇이 있는지 같이 살펴봅시다.

이게 진짜일 리 없어

첫 번째는 클릭 베이트(click bait) 기사입니다. 클릭 베이트에서 '베이트'는 미끼라는 뜻입니다. 즉, 사람들이 '클릭'하도록 만드는 '미끼'라는 뜻입니다. 어떻게 사람들이 미끼를 물도록 만들까요? 바로 제목입니다. 클릭 베이트 기사를 쓰는 사람들은 사람들이 클릭하고 싶게 만들기 위해서 사람들이 궁금해할 제목, 쉽게 넘어갈 수 없는 자극적인 제목을 짓습니다. 예를 한 번 살펴봅시다.

"충격, 유명 배우 홍길동, 고속도로에서 교통사고 내고 도망가…"

20××년 ××월 ××일

인기 배우 홍길동(35)이 출연 중인 신작 드라마 〈비밀의 정원〉에서 교통사고 장면을 연기하며 화제를 모으고 있다. 홍길동이 맡은 김대한은 쫓아오는 이민국을 피하려 차에 올랐다. 아슬아슬하게 잡히지 않으며 도망치던 김대한은 신호를 무시하고 달렸고, 이민국을 크게 앞질러 가려다 앞에 마주 오던 차를 피하지 못하고 부딪히고 말았다.

그러나 금세 정신을 차린 김대한은 곧바로 차를 돌려 달아났고, 사고가 난 차량을 신고하고 상태를 살피던 이민국은 김대한을 놓치고 말았다. 이민국이 분한 얼굴로 김대한의 차량 뒷모습을 바라보는 장면으로 해당화는 끝이 났다.

홍길동이 출연 중인 〈비밀의 정원〉은 그의 열연과 함께 극적인 스토리 전개로 시청자들의 주목을 받고 있다. 교통사고 장면을 통해 더욱 깊이 있는 연기를 보여 준 홍길동의 활약이 기대된다.

위의 기사처럼 제목을 보고 깜짝 놀라서 들어가 보니 작품 속 이야기거나 사실이 아니었던 적 있나요? 영상의 경우 자극적인 사진(섬네일)으로 이목을 집중시키기도 합니다. 유명인 간의 열애설이나 비극적인 사고, 불법적인 문제 등 사람들이 관심을 가질 만한 내용을 제목에 적고 막상 내용은 제목과 관련 없는 이야기를 하거나, 사실이 아님을 밝힙니다. 깜짝 놀라 들어갔으나 중요한 내용은 없고 우리는 속았다는 사실만 깨닫게 됩니다. 속임수에 넘어가는 것을 좋아하는 사람은 아무도 없습니다. 당하고 나면 상대에게 부정적인 인식이 생기기도 합니다. 그렇다면 왜 클릭 베이트 기사를 쓰는 걸까요?

바로 조회수 때문입니다. 이야기 속 민이가 건네받은 선우의 휴대전화 속 기사도 광고가 있는 페이지를 지나쳐 아래로 내려야 사진과 내용을 볼 수 있었습니다. 인터넷 기사는 종이 신문보다 광고가 더 많이, 더 눈에 띄게 배치되어 있습니다. 그 이유는 종이 신문이 구독료와 지면 광고 등 여러 경로로 수입을 얻을 수 있다면 인터넷 기사의 수입은 광고가 큰 부분을 차지하기 때문입니다. 사람들이 광고를 많이 볼수록 더 많은 수입을 얻는 수익 구조에 따라 더 많은 광고를 보게 하기 위해서 제목으로 사람들을 속이는 것입니다. 광고를 위해 자극적인 제목을 짓는 것은 언론에 대한 신뢰를 무너뜨릴 수 있으므로 지나치게 자극적인 제목이라면 클릭하지 않는 것이 바람직합니다.

이게 기사야 광고야?

두 번째는 기사형 광고입니다.

집에서 쉽게 만드는 스트레스 해소 슬라임!

20××년 ××월 ××일

요즘 어린이부터 직장인까지 인기 있는 취미 활동으로 자리 잡은 슬라임 만

들기, 이제는 누구나 집에서 쉽게 즐길 수 있습니다. 다양한 색상과 질감으로 나만의 슬라임을 만드는 키트가 속속들이 출시되고 있습니다.

슬라임은 그 특유의 쫀득쫀득한 질감과 손으로 만지는 촉감이 매력적입니다. 스트레스를 해소하고 집중력을 높이는 효과가 있어 어린이와 어른 모두에게 인기를 끌고 있습니다. 또한, 다양한 색상과 반짝이를 섞어 나만의 독특한 슬라임을 만들 수 있어 창의력을 자극합니다.

슬라임은 단순히 손으로 만지는 것 외에도 다양한 활용이 가능합니다. 예를 들어, 실내 장식용으로 사용할 수 있으며, 파티에서 친구들과 함께 즐길 수 있는 놀이 도구로도 좋습니다. 또한, 아이들의 과학 실험 재료로 활용하면 재미와 학습을 동시에 잡을 수 있습니다.

슬라임 만들기 키트는 현재 특별 할인 행사 중입니다. 집에서 안전하게 슬라임을 만들며 창의력을 발휘하고 스트레스를 해소해 보세요. 지금 바로 구매하여 가족과 함께 즐거운 시간을 보내세요!

광고 - 본 기사는 슬라임 키트 제조업체와의 협찬으로 작성되었습니다.

이 글은 기사일까요, 아니면 광고일까요? 분명 기사 형식을 띠고 있는데 내용은 특정 상품을 홍보하고 있습니다. 이처럼 광고를 기사처럼 위장하여 특정 제품을 추천하고 홍보하는 목적의 기사를 '기사형 광고'라고 합니다. 앞서 살펴본 클릭 베이트 기사와 마찬가지로 기사형 광고 또한 언론사가 광고로 수입을 얻기 위한 하나의 방법입니다.

기사가 언론이나 잡지에서 사실을 기반으로 쓴 글을 말한다면, 광고는 상품이나 서비스를 소비자에게 널리 알리는 활동을 말합니다. 광고가 기사처럼 보일 경우 독자들은 광고를 기사로 착각해서 합리적인 의사 결정에 어려움을 겪기도 합니다. 특히 다양한 기사나 광고를 접한 경험이 적은 어린이의 경우 어른보다 기사형 광고를 객관적인 정보 혹은 뉴스로 착각할 확률이 높습니다. 한 연구에서 초등학생에게 기사형 광고를 보여 준 뒤 본 내용에 관해 묻자, 약 60%가 기사형 광고를 광고가 아닌 기사, 뉴스, 정보로 이해했다고 합니다. 하지만 위의 예시 광고처럼 '본 기사는 슬라임 키트 제조업체와의 협찬으로 작성되었습니다'라고 아래에 광고 표식을 적을 경우에는 광고라는 것을 알아채는 비율이 높아졌습니다.

이러한 연구를 바탕으로 최근에는 독자가 기사와 광고를 혼동하지 않도록 구분하여 편집해야 한다는 법 조항이 있어, 위의 예시처럼 아래에 광고 표기를 하거나 기사형 광고의 영어 이름인 '애드버토리얼(Advertorial)' 또는 '특집 기사'라고 따로 구분하는 등의 방법을 사용하고 있습니다. 하지만 주의를 기울이지 않으면 구분하기 어려운 글도 있으므로 광고와 기사를 잘 구분해서 합리적인 판단을 내리기 위해서는 미디어 리터러시 교육이 필요합니다.

앗 메아리가 들려온다!

세 번째는 우리의 생각을 한 쪽으로만 모으는 '반향실 효과', 영어로는 '에코 챔버(echo chamber)'라고 부르는 현상입니다. '반향실'은 특수 재료로 벽을 세워, 소리가 밖으로 빠져나가지 않고 메아리처럼 울리게 만든 방을 말합니다. 그 방에서 말을 하면 메아리처럼 내 목소리만 계속 울리게 되는 것이지요. 이처럼 반향실 효과란 같은 입장을 가진 정보만 계속 접하게 되면서 내 신념, 의견이 메아리치며 강화되는 현상을 말합니다.

그렇다면 인터넷상에서 반향실 효과는 왜 일어나는 걸까요?

바로 자신의 의견이나 가치관, 신념과 맞는 정보에만 주목하는 '확증 편향' 때문입니다. '사람은 보고 싶은 것만 보고, 듣고 싶은 것만 듣는다'는 말을 들어본 적이 있나요? 우리의 마음은 내가 이미 믿고 있는 것을 바꾸기보다는 그대로 믿고 유지하고 싶어 합니다. 그렇기 때문에 나와 비슷한 생각을 가진 정보를 더 많이 찾아보고 쉽게 받아들이면서 내 신념을 강화하게 됩니다. 더 편한 쪽으로 가고 싶어 하는 것입니다.

정보를 찾을 때뿐만 아니라 사람들과 어울릴 때도 확증 편향은 영향을 미칩니다. 내가 어울리는 사람들은 주로 나와 가치관이 비슷합니다. 인터넷상에서 이야기를 나누는 사람이나 내가 속한 공동체는 나와 비슷할 가능성이 높습니다. 그러다 보니 내 의견과 신념이 옳다고 생각하게 되고, 다른 의견과 주장은 주목하지 않거나 무시하게 되는 것입니다.

반향실 효과는 다양한 생각을 접하기 어렵게 만들고, 점점 균형 잡힌 사고, 비판적인 사고를 하기 어려워집니다. 무엇이 옳은지 그른지 판단하기 어려워지는 것입니다. 더 편한 쪽으로 가고 싶어 하는 확증 편향을 막기 위해 의식적으로 우리는 더더욱 나와 다른 주장을 담은 정보, 기사를 찾아보아야 합니다.

정보의 바다 속에서 보물 찾기

진짜 찾기

인터넷 속 수많은 정보 중에서 허위 정보에 휩쓸리지 않으려면 어떤 능력이 필요할까요? 1교시에 배운 미디어 리터러시 능력 네 가지를 떠올려 봅시다. 디지털 미디어에 대한 접근 및 활용 능력, 디지털 미디어에 대한 이해 및 비판 능력, 디지털 미디어를 통한 사회참여 능력, 디지털 미디어를 통한 민주적 소통 능력 중 어떤 능력이 필요할까요?

바로 디지털 미디어에 대한 이해 및 비판 능력입니다. 인터넷 공간에서는 누구나 정보를 생산할 수 있고, 생산한 정보는 또 다른 누군가가 수정해서 공유할 수도 있습니다. 따라서 그 정보를 만든 사람 즉, 정확한 출처를 알기도 어렵고, 믿을 만한 출처인지 판단하기도 어렵습니다.

그렇기 때문에 정보를 이해하고 비판적으로 판단할 수 있는 능력이 필요합니다. 그렇다면 어떻게 허위 정보와 사실을 구분할 수 있을까요? 신뢰할 수 있는 정보인지 어떻게 판단할 수 있을까요?

진짜 찾기 1단계: 제목과 섬네일 판단하기

우리가 어떤 글이나 영상을 볼 때 가장 먼저 접하는 것은 제목이나 섬네일입니다. 섬네일은 글이나 영상을 보지 않고도 판단할 수 있도록 이해를 돕는 미리보기 사진을 뜻합니다. 즉, 이 두 가지는 사람들이 자신이 만든 정보를 보도록 내용을 가장 잘 담아서 홍보하는 역할을 합니다.

그렇기 때문에 제목과 섬네일이 지나치게 자극적이거나 충격적이라면 앞서 클릭 베이트 기사와 사이버 레커에서 살펴보았듯이 사실이 아니거나 일부러 조회수를 유도하는 장치일 수도 있습니다. 조회수를 유도했을 경우 클릭하지 않는 것이 바람직하지만 그럼에도 내용을 확인해 보고자 한다면, 본문을 충분히 읽고 사실 여부를 확인해야 합니다. 제목과 본문이 다른 내용을 담고 있을 수 있기 때문입니다.

진짜 찾기 2단계: 작성자 확인하기

제목과 섬네일을 판단하고 내용을 확인하고자 클릭했나요? 그렇다면 누가 작성했는지, 영상이라면 어떤 채널이 만들었는지를 확인합니다.

글을 작성한 사람이 누구인지 확인하고 포털 사이트에 이름을 검색합니다. 예전에 작성한 다른 글은 무엇이 있는지 살펴보고 믿을 만한 정보로 글을 쓰는 사람인지, 이 분야를 잘 아는 전문성이 있는 사람인지 확인합니다. 매번 아이돌에 관련된 글을 쓰던 사람과 매번 질병에 관련된 글을 쓰던 사람이 똑같이 코로나19를 주제로 글을 쓴다고 가정해 봅시다. 어느 쪽이 더 믿을 만할까요? 후자가 더 신뢰할 수 있겠지요. 여러 분야에 대해 글을 쓰는 사람보다는 비슷한 주제로 글을 여러 번 썼거나 출처를 확실하게 밝힌 쪽이 믿을 수 있는 저자입니다.

사람들의 평판을 확인할 수도 있습니다. 또한 이름을 검색했을 때 주제와 관련된 이력이 있거나, 책을 썼거나, 인터뷰를 한 적이 있다면 전문성이 있다고 볼 수 있습니다. 영상도 작성자와 마찬가지로 포털 사이트에 채널명을 검색하여 평판을 확인할 수 있습니다. 다만 유튜브 채널의 경우 한 명이 만들기보다는 여러 명이 함께 만들기 때문에 만든 이의 신뢰도를 확인하기 어렵습니다. 그럴 때는 뒤에 나올 진짜 찾기 5단계: 출처 확인하기를 꼭 거치면 좋습니다.

진짜 찾기 3단계: 작성 날짜 확인하기

일주일 전 쓴 글과 5년 전에 쓴 글 중에서 어느 것이 지금 더 정확할까요? 대부분은 최근에 만들어진 것이 더 정확할 것입니다. 그사이 다른 정보가 추가될 수 있고, 우리가 사실이라고 믿었던 것들이 사실이 아님을 알게 될 수도 있기 때문입니다.

예를 들어서 코로나19 초기에는 선별진료소에서만 검사를 할 수 있었습니다. 하지만 2022년 코로나19 신속 항원 검사 키트가 보급되면서 가정에서도 쉽게 검사할 수 있게 되었습니다. 만일 자가 검진 키트가 보급되는 시기에 날짜를 충분히 살펴보지 않고 검색했다면 약국에서 쉽게 살 수 있는 키트 대신 먼 선별진료소를 찾아갔을지도 모릅니다.

물론 최근에 작성된 글이라고 언제나 정확한 것은 아닙니다. 하지만 너무 오래된 정보일 경우에 그사이 내용이 바뀌지는 않았는지 다시 찾아보는 것이 필요합니다.

진짜 찾기 4단계: 사이트 확인하기

믿을 만한 사이트인지 확인합니다. 공식 사이트, 전문성이 있는 사이트라면 글이나 영상을 올리기 전 여러 명의 검토를 거치기 때문에 비교적 믿을 만합니다. 사이트의 주소 끝에 .gov(공공기관), .edu(교육기관), .org(비영리단체)가 있다면 신뢰할 수 있습니다. 하지만 단독 보도, 독점 보도 등 빠른 보도를 위해 충분히 검토하지 않고 기사를 내보내는 경우도 있기 때문에 유명한 사이트라고 반드시 옳은 것은 아닙니다.

개인이 운영하는 사이트라면 믿을 만한지 스스로 꼼꼼하게 판단해야 합니다. 작성한 사람의 이름을 검색하듯이 사이트의 이름을 포털 사이트에 검색해, 괜찮은 사이트인지 평판을 확인해 볼 수도 있습니다. 사이트에서 마지막으로 게시글을 올린 일자를 확인하는 것도 필요합니다. 오래된 정보는 신뢰도가 떨어지고 그사이 중요하고 새로운 내용이 나왔을 수 있습니다. 비슷한 내용에 대해 자주, 최근에 작성했다면 신뢰할 수 있습니다.

진짜 찾기 5단계: 출처 확인하기

믿을 만한 저자, 사이트, 비교적 최근에 작성된 글인가요? 그렇다면 출처 확인하기 단계입니다. 글이나 영상에서 정보에 대한 출처가 나와 있지 않다면 그 정보는 믿기 어렵습니다. 믿을 수 있는 전문가에게서 나온 정보인지 아니면 잘 알지 못하는 개인이 만들어 낸 허위 정보인지 알 수 없기 때문입니다. 출처를 밝혔다고 하더라도 바로 믿기 보다는 한 번 더 확인하는 습관을 들이는 것이 좋습니다. 출처의 뉴스 기사, 사이트를 검색해 보고 내가 본 정보와 같은 내용을 담고 있는지, 내용의 일부만 의도적으로 가져와서 사용하고 있지는 않은지, 너무 오래된 자료는 아닌지 살펴봅니다.

만약 전문가의 의견을 인용하거나 인터뷰했다면 믿을 만한 전문가인지 확인해 봅니다. 때로는 전문가로 소개하지만 사실 잘 알지 못하는 사람이거나 심지어 존재하지 않는 경우도 있습니다. 이러한 허위 정보를 방지하기 위해 2단계에서 작성자를 검색하고 판단했던 것처럼, 포털 사이트에 이름을 검색해 보고 글이나 정보에서 이야기한 것과 같은 주제, 내용을 말하고 있는지, 정말 전문가가 맞는지 판단합니다.

진짜 찾기 6단계: 비교하기

마지막 비교하기 단계입니다. 같은 내용을 다루는 다른 자료와 내용이 같은지 확인합니다. 믿을 만한 자료라면 여러 차례 다양한 자료를 찾아보아도 일관된 내용을 찾을 수 있습니다. 시간을 들여 지속적으로 같은 정보를 찾아보는 것도 도움이 됩니다. 시간에 따라 새로운 정보가 갱신될 수 있기 때문입니다.

대부분의 언론사는 특정한 의견만 제시하기보다는 다양한 의견을 추가하여 독자들이 여러 의견을 접할 수 있도록 합니다. 내가 읽은 기사에 다른 관점이 포함되어 있는지 살펴보는 것도 신뢰도에 도움이 됩니다.

만약 의견에 대한 내용을 찾아보고 있다면 다른 관점의 정보도 살펴보아야 합니다. 사람은 자신의 가치관, 신념, 의견과 비슷한 정보를 더 많이 찾아보고 주목하다 보니, 더욱 자신의 생각이 증폭되고 강화된다는 반향실 효과를 앞에서 이야기했던 것 기억하나요? 내가 관심 있는 정보, 내 가치관과 맞는 정보를 더 많이 보려고 하기 때문에 다른 관점을 살펴보지 않으면 한쪽으로 치우친 의견을 가지게 될 수 있습니다.

2교시에는 가짜 뉴스가 무엇인지 그리고 어떻게 사실을 구분할 수 있는지 알아보았습니다. 수많은 정보 속에서 진짜를 찾아내고 내 것으로 만드는 것은 쉬운 일은 아닙니다. 신뢰할 수 있는 정보인지를 판단하기 위해 논리적이고 비판적으로 생각해 보고, 결론을 내리는 연습을 평소에 자주 해 보아야 합니다. 유튜브에서 재미있는 영상을 발견했을 때, 숙제를 하며 기사나 여러 정보를 찾아볼 때, 포털 사이트에 뜬 기사를 읽었을 때 앞에서 살펴본 내용들을 떠올리며 생각해 봅시다.

지금까지 여러분을 속일 수 있는 가짜에 관해 이야기를 나누었지만, 세상에는 재미있고 유익한 이야기와 정보가 아주 많이 있습니다. 인터넷의 도움으로 그 어느 때보다 양질의 정보를 다양하고 빠르게 접할 수 있는 시대가 되었습니다. 더욱 깊어진 정보의 바닷속에서 길을 잃지 않고 보석 같은 정보를 찾아가기 바랍니다.

👍 추천합니다!

EBS 드라마 〈네가 빠진 세계〉

국민 아이돌 유제비는 팬들과의 라이브 방송 도중 오해로 인해 한순간에 인기를 잃고 악플에 시달립니다. 그런 유제비의 유일한 행복은 웹소설 읽기. 어느 날 기자회견 도중 깜빡 정신을 잃은 제비가 정신을 차려보니 웹소설 속 악녀 1이 되어 있었습니다. 거짓 정보, 사이버 폭력 등으로 주인공을 왕따로 만들며 괴롭히는 역할로 말입니다.

제비는 웹소설 속에서 이미 악행을 저지른 악녀 1이 되었지만 자신이 응원하는 주인공 커플을 맺어주기 위해 열심히 노력합니다. 그리고 경험해 보지 못한 학창 생활도 행복하게 만들어 보려고 합니다. 과연 제비는 웹소설 속에서도, 현실 속에서도 해피엔딩을 맞이할 수 있을까요?

나에 대한 가짜 뉴스가 끊임없이 만들어지는 상황, 내가 만든 가짜 뉴스를 해결해야 하는 상황 속에서 내가 유제비였다면 어떻게 했을지 상상해 보며 가짜 뉴스의 영향력을 생각해 볼 수 있는 학원 판타지 로맨스 드라마입니다.

좀비를 처치해라!
탕! 탕! 후루 후루...

☆ 1

2교시 쉬는 시간, 화장실 거울 앞에서 아이들이 삼삼오오 모여 이야기를 나눈다.

"너희 그거 봤어? 이선우랑 최민이랑 찍은 좀비 챌린지 말이야. 벌써 좋아요가 삼천이 넘었더라."

"나도 봤어. 선우 되게 잘 추던데? 조용한 애인 줄 알았는데 의외였어."

"너희들 근데 그거 알아? 선우랑 민이가 좀비 챌린지를 찍더니 좀비처럼 변했대."

"그게 무슨 말이야? 좀비처럼 변했다니?"

"진짜라니까! 저기! 선우 온다."

터덜터덜 선우가 화장실로 들어온다. 요 며칠 아이들이 수군대는 게 느껴진다. 알고 있다. 민이랑 찍어 올린 좀비 챌린지 때문인 거지. 요즘 이 챌린지가 유행이라고, 이것만 올리면 순식간에 구독자가 오를 거라며, 민이가 며칠을 졸라 마지못해 함께 찍었던 챌린지 말이다. 그 챌린지가 수많은 좋아요를 받으며 단연코 학교의 핫이슈로 떠올랐다. 모르는 친구들이 인사를 건네기도 하고, 탕후루를 같이 먹자고도 했다. 그뿐만 아니라 마치 연예인처럼 본인들에 대한 헛소문도 조금씩 도는 것 같았다. 하지만 선우는 그런 관심을 즐기거나, 헛소문을 바로 잡을 여유가 없다. 그 이유는 바로 매우 매우 졸리고 피곤하기 때문이다. 요 며칠 잠을 제대로 못 잤다.

"쟤가 선우 맞아…? 왜 저렇게 힘없이 걷는 거야? 진짜 좀비같아…."

선우는 아이들이 수군대는 소리를 뒤로한 채 거울을 보았다. 며칠 동안 잠을 못 자니 눈이 퀭해지고 피부는 푸석푸석, 다크서클도 진하게 내려왔다. 졸음이 쏟아지니 고개를 푹 숙이고 터덜터덜 걷는 것도 좀비와 비슷했다.

"저기 민이도 온다."

마침, 민이도 터덜터덜 화장실로 들어온다. 민이의 얼굴은 선우보다 더 푸석하다. 의욕에 반짝이던 민이의 눈빛이 지금은 초점 없이 붉게 충혈되었다. 민이는 본인을 바라보는 아이들의 시선은 느껴지지 않는지, 멍하니 허공을 응시하며 화장실 칸으로 들어간다.

"소문이 진짜였어. 둘 다 좀비가 되어가고 있잖아!"

아이들이 호들갑을 떨며 화장실을 나간다. 둘 다 정말 좀비처럼 변해가고 있었다. 모든 것은 좀비 챌린지에서부터 시작되었다.

☆ 2

"아냐 아냐! 나 잘못했어! 다시 찍자!"

민이가 춤을 멈추고 핸드폰으로 다다다 달려간다.

"하… 이번이 마지막이야. 나 학원 가야 한단 말이야."

"알겠어. 이번이 진짜 마지막! 선우야, 사랑해! 바로 시작한다!"

민이가 핸드폰을 누르고, 선우 옆으로 후다닥 돌아왔다. 좀비 챌린지 노래가 흘러나온다. 자, 시작한다. 선우는 속으로 계속 생각했다. 제발 이번이 마지막! 좀비 춤을 여러 번 추다 보니 이제 진짜 좀비처럼 몸이 움직인다. 마무리 동작에서 실수만 안 하면 돼! 음악이 끝나고 마무리 동작도 실수가 없었다. 민이가 후다닥 뛰어가 핸드폰을 확인한다.

"됐다! 선우야, 봐봐!"

민이가 선우에게 다가와 핸드폰을 내민다. 선우가 찍은 영상을 확인했다. 성공이다! 생각보다 더 잘한 것 같다.

"우와. 진짜 좀비처럼 보이는데? 여러 번 찍어서 그런가 되게 괜찮다."

"그치? 바로 올려야겠다."

민이는 시선을 핸드폰에 고정하고 양손 엄지손가락을 바쁘게 움직이며 말했다.

"선우야, 내 계정 먼지 알지? 지금 올렸으니까, 너도 좋아요 좀 눌러줘. 헉! 벌써 좋아요 삼십 개 넘었다. 오예~"

선우도 본인 핸드폰으로 민이가 올린 챌린지를 확인했다. 잠깐 짜증이 나기도 했지만, 멋지게 성공한 좀비 챌린지 영상과 좋아요를 보니 웃음이 새어 나왔다.

☆ 3

학원 버스에 올라탄 선우는 핸드폰을 꺼내 본인의 챌린지 영상을 다시 확인했다.

'우아! 벌써 좋아요가 삼백이 넘었어!'

확실히 요즘 유행인 챌린지라서 좋아요를 많이 받는 것 같다. 영상을 넘기면 셋 중 하나꼴로 좀비 챌린지가 나오고 있다. 수많은 좀비 챌린지 중에 내가 나온 동영상이 좋아요를 이렇게 많이 받다니! 선우는 영상을 넘기며 다른 좀비 챌린지들도 확인했다.

'이 사람은 이렇게 찍었구나. 우아. 밤에 찍으니까 진짜 무섭게 나오네.'

선우는 계속해서 슥슥 영상을 넘긴다. 어느 순간 좀비 챌린지 말고도 다른 종류의 영상이 나온다. 귀여운 강아지 영상, 학교생활 꿀팁 영상, 아이돌 콘서트 영상, 슬라임 만지는 영상… 다른 사람들이 한 좀비 챌린지를 보려고 핸드폰을 잡았지만, 선우는 목적을 잃은 채 핸드폰이 보여 주는 영상에 푹 빠져버렸다.

'하마터면 잘못 내릴 뻔했네.'

선우는 폰을 보다가 내릴 곳을 지나칠 뻔했다. 버스에서 후다닥 내려도 폰을 손에서 놓지 못했다. 폰을 뚫어져라 보면서 느릿느릿 집을 향해 걷는다. 결국 집 현관 앞에 도착할 때까지 계속 영상을 보면서 왔다. 방에 들어

왔는데도 폰을 내려놓기가 어렵다. 선우는 옷도 갈아입지 않고 그대로 책상에 앉았다. 그러다 문득 내일까지 해야 하는 숙제가 떠올랐다.

'아, 맞다. 숙제가 있었지… 지금 몇 시지? 32분이니까 딱 40분까지만 폰하고 숙제해야겠다. 8분만 보는 거야.'

스스로 다짐을 하며 선우는 다시 핸드폰을 들어 올렸다.

'지금이 몇 시지?'

퍼뜩 정신을 차린 선우가 시계를 확인했다. 벌써 두 시간 반이 지났다. 선우 아빠가 저녁을 먹으라며 선우를 부른다. 선우는 저녁을 먹고 숙제를 해야겠다고 생각한다.

저녁을 먹으며 아빠는 이번 주 가족여행 계획을 선우에게 설명하고 있다. 하지만 선우는 아빠의 말씀에 집중하지 못한다. 선우의 손이 슬금슬금 핸드폰으로 간다. 아빠가 선우를 말리며 말한다.

"선우야, 밥 먹을 때는 핸드폰 금지잖아. 알고 있지?"

"네, 아빠. 저도 모르게 손이 핸드폰으로 가버렸어요."

선우가 시무룩하게 대답했다.

저녁을 먹자마자 선우는 후다닥 방으로 들어왔다. 방에 들어오자마자 핸드폰을 켜 어플에 들어갔다. 선우는 저녁을 먹는 내내 좋아요를 확인하고 싶어서 안달이 났었다.

'좋아요가 지금은 얼마지?'

선우는 숏폼 앱에 들어가자마자 좋아요를 확인했다.

  '우와! 벌써 좋아요가 칠백이야?'

선우는 이윽고 슥슥 화면을 넘기며 다른 영상들을 보기 시작했다. 숙제를
해야 한다는 사실이 선우의 머릿속에 퍼뜩 떠올랐다.

  '숙제해야 하는데… 하… 이것만 보고 숙제하는 거야.'

선우가 또다시 정신을 차렸을 땐, 아기 고양이 영상에 좋아요를 누른 후였
다. 시계를 보니 벌써 잘 시간이 지났다.

  '어떻게 이럴 수 있지? 오늘 해야 하는 숙제도 많은데… 난 정말 구제불
능이야!'

선우가 자책을 하며 시무룩해하고 있을 때, 아빠가 방문을 열었다.

"선우야, 지금까지 핸드폰 한 거니!? 안 되겠다. 오늘 선우 핸드폰은 아빠한테 주렴. 내일 학교 갈 때 다시 줄게. 이제 얼른 씻고 자야지."

선우는 쭈뼛대며 아빠에게 핸드폰을 넘겼다.

결국 숙제를 하지 못한 선우는 침대에 누워 눈을 감았다. 오늘 하루 본 영상들이 너무 많아서 어떤 영상들을 보았는지 잘 기억나지 않는다.

'짧은 영상들이었는데 왜 내용이 기억나지 않을까? 내가 오늘 어떤 것들을 봤지?'

선우는 눈을 질끈 감았다.

'이제 자야 되는데… 아… 또 보고 싶어.'

영상을 또 보고 싶다는 강렬한 욕망이 선우를 사로잡았다. 선우는 눈을 번쩍 떴다. 거실로 나가 보니 탁자 위에 아빠 핸드폰이 있었다. 선우는 조심조심 아빠 핸드폰을 들고 방으로 들어왔다. 그리고 다시 숏폼 어플에 들어갔다.

'우와, 민이랑 찍은 챌린지, 좋아요가 또 늘었어.'

'이 슬라임 소리 진짜 좋다.'

슥슥슥. 화면을 넘기며 계속해서 쏟아지는 영상들을 선우는 밤새 보았다. 슥슥슥. 그리고 정신을 차려보니 아침이었다.

⭐ 4

'헉! 좋아요가 삼천을 넘었다!'

민이는 너무 기쁜 나머지 소리를 지를 뻔했다. 좋아요를 이렇게 많이 받은 것은 채널 개설 이래 처음이다.

'드디어 '민미리민민'도 떡상하는 건가! 이대로 좋아요가 쭉쭉 올랐으면 좋겠다.'

다른 사람들은 좀비 챌린지를 어떻게 올렸는지 확인해 봐야겠다. 민이는 검색창에 '좀비 챌린지'를 입력했다. 확실히 인기가 많은 챌린지라서 그런지 계속해서 좀비 챌린지들이 올라오고 있다.

'나도 좀비 챌린지 2탄을 찍어 올려야 하나. 이번에는 리나한테 부탁해 볼까… 안 해 주겠지….'

슥슥슥, 화면을 넘기며 민이는 여러 좀비 챌린지를 보았다. 중간중간 다른 내용의 영상들이 나오긴 했지만, 민이는 고집스럽게 좀비 챌린지만 골라서 시청하였다. 아까 보았던 좀비 챌린지가 또 나오길래 민이는 손가락을 가볍게 튕겨 다음 영상으로 넘어갔다. 이번엔 관심 없는 영상이다. 민이는 또 손가락을 튕겼다. 슥슥슥, 다섯 번 정도 영상을 넘기고 나서야 민이는 손가락을 멈췄다.

'엥. 스위밍 데드?'

스위밍 데드는 워낙 유명해서 민이도 알고 있다. 수영하는 좀비를 처치하는 내용의 영화인데, 민이는 본 적이 없다. 바로 청소년 관람 불가 영화이기 때문이다.

'이거 19세인데?'

스위밍 데드에서 주인공들이 총으로 좀비를 처치하는 장면이 나왔다. 다음 영상으로는 좀비 치료약을 만들기 위해 좀비의 머리카락을 빡빡 미는 장면이 나왔다. 민이는 좀비의 머리카락이 밀리는 장면에서 피식 웃기도 했다. 다음 영상으로는 스위밍 데드 속에서 좀비들을 기절시키는 장면이 나왔다. 잔인한 함정을 설치해 좀비들이 크게 다치게 하는 영상도 나온다. 무기를 들고 좀비들과 거칠게 싸운다. 좀비들은 팔다리가 꺾이고 옷이 찢어져 쓰러진다. 슥슥슥, 민이는 각양각색의 방법으로 좀비들이 당하는 장면을 끊임없이 시청했다. 이제 스위밍 데드뿐만 아니라 다른 청소년관람불가 드라마의 장면도 나오기 시작한다. '오징어 놀이', '델 글로리'···. 잔인한 장면과 부적절한 행동을 하는 인물들이 민이의 머리를 어지럽게 한다. 하지만 다음 영상을 찾는 민이의 손은 멈출 수 없었다. 슥슥슥, 화면을 넘기며 계속해서 쏟아지는 영상들을 민이는 밤새 보았다. 슥슥슥, 그리고 정신을 차려보니 아침이었다.

나의 의지가 부족한 탓일까?

요즘 여러분 주변에는 어떤 챌린지가 유행하고 있나요? 챌린지가 한번 유행하기 시작하면 교실에서, 복도에서, 화장실에서까지도 챌린지를 따라 하는 친구들이 넘쳐나지요. 그러다 보면 어느새 그 챌린지가 내 스마트폰에도 뜨게 되는 경험을 모두 한 번쯤은 해 봤을 거예요. '이게 그 친구가 따라 하던 챌린지구나.' 하면서 슥슥 영상을 넘기고 넘기다가 '내가 이렇게 오랫동안 핸드폰을 했다니!' 하면서 선우처럼 퍼뜩 정신이 들었던 적은 없었나요? 또는 민이처럼 폭력적이고 자극적인 영상을 보게 된 적은 없었나요? 숙제를 하다가, 가족들과 이야기를 하다가도 자연스레 손이 스마트폰으로 가 유튜브를 켠 경험. 어느 순간 교육적이지 않고, 건강하지 않은 영상들이 내 피드에 뜨게 되는 경험. 아마 스마트폰을 가지고 있는 사람이라

면 모두가 가지고 있는 경험일 거예요. 우리는 왜 영상 시청을 도중에 멈추는 게 어려울까요? 우리는 왜 습관적으로 유튜브 쇼츠, 인스타 릴스, 틱톡처럼 짧은 영상을 찾게 되는 걸까요? 우리는 왜 점점 자극적인 영상을 보게 되는 걸까요? 그 이유를 함께 살펴보도록 합시다.

도파민이 뭐길래

도파민이 뭐예요?

여러분은 '도파민 중독', '도파민이 터진다.'라는 말을 들어본 적이 있나요? 도파민은 사람의 기분을 좋게 만들어 주는 뇌 속의 신경전달 물질입니다. 도파민이 분비되면 우리는 기분이 좋아지게 됩니다. 어떤 특정한 행동을 했을 때 도파민이 분비된다면, 다음에도 기분이 좋아지고 싶기 때문에 우리가 앞으로도 그 행동을 반복할 확률이 높아지겠지요. 즉, 도파민은 특정 행동에 대한 동기부여가 되는 역할을 한다고 볼 수 있습니다.

과거의 인류로 예를 들어 보겠습니다. 아주 먼 옛날, 수렵채집 생활을 하는 '석기' 씨가 있다고 가정해 봅시다. 배가 고픈 석기 씨는 토끼사냥에 나섰습니다. 풀숲에 납작 엎드려 숨을 죽이고 토끼가 나타날 때까지 석기 씨는 기다리고 기다렸습니다. 오랜 기다림 끝에 토끼 한 마리가 나타났습니다. 석기 씨는 조심조심, 살금살금 토끼에게 다가갔습니다. 순간 토끼가 눈치를 채고 도망가려고 했지만 석기 씨가 더 빨랐습니다. 석기 씨는 얼른 몸을 던져 토끼를 덮쳤습니다. 드디어 토끼가 석기 씨 손에 들어왔습니다. 이때, 토끼사냥에 성공한 석기 씨의 뇌에서 도파민이 분비됩니다. 이 도파

민으로 인해 석기 씨는 사냥 성공의 기쁨과 쾌감을 맛보게 되는 것이지요.
토끼 고기를 만족스럽게 먹은 석기 씨는 부른 배를 두드리며 생각합니다.
'또 토끼를 잡고 싶다. 사냥에 성공하고 싶어.' 토끼사냥에 성공했을 때의
기쁨과 쾌감을 석기 씨는 다시 원하게 됩니다.

석기 씨는 사냥 성공에 대한 강력한 동기부여를 받았습니다. 이제 석기 씨는 사냥에 성공하기 위해 골똘히 고민하고 궁리하겠지요. '토끼가 자주 나타나는 곳이 어딜까? 토끼를 잡을 도구로는 무엇이 좋을까?' 또한 사냥에 성공하기 위해 더 열심히 몸을 놀리겠지요. 토끼가 눈치채지 못하도록 더 조심스럽게, 토끼만큼 빠르게 움직이려 노력할 것입니다. 그러한 노력을 통해 석기 씨가 또다시 토끼사냥에 성공하게 되면, 석기 씨의 뇌에서는 도파민이 분비됩니다. 과거 토끼사냥에 성공했을 때 느꼈던 그때의 기쁨을 또 누리게 되는 것이지요. 이제 석기 씨는 토끼사냥에 있어서 '도파민 분비-동기부여-성취'를 계속 반복하겠지요. 이러한 과정이 반복되면서 과거의 인류는 사냥을 통해 양질의 영양분을 얻었으며, 이는 인류의 생존에 유리한 작용을 했습니다. 만약 사냥에 성공했을 때, 인류의 뇌에서 도파민이 분비되지 않았다면 어땠을까요? 사냥을 시도하는 횟수와 사냥에 들이는 노력이 현저하게 줄어들었을 것입니다. 이는 인류의 생존에 불리하게 작용했겠지요.

이것이 바로 도파민의 힘입니다. 도파민은 우리의 특정 행동을 다음에도 또 하도록 만드는 힘이 있습니다. '도파민 분비-동기부여-성취'의 순환 과정을 통해서 말이죠. 비단 사냥뿐만이 아닙니다. 음식을 먹을 때, 운동을 할 때, 잠을 잘 때, 취미 생활을 할 때, 자아실현을 위한 일을 할 때 등 우리 일상 속 다양한 상황에서도 도파민이 분비됩니다. 도파민이 분비됨으로써 기분 좋음, 만족감, 쾌감 등을 느끼기 때문에 우리의 뇌는 이러한 행동을 다음에도 또 하도록 명령하는 것이지요.

음식을 먹을 때, 운동을 할 때에 도파민이 분비되지 않으면, 우리는 음식을 제대로 먹으려고 하지 않을 것입니다. 운동을 열심히 하려고 하지 않겠지요. 그럼 우리의 생활은 어떻게 될까요? 취미생활을 할 때에 느끼는 만족감 역시도 도파민과 관련이 있습니다. 도파민을 통해 만족감을 느끼지 못하면 취미생활을 할 동기를 느끼지 못합니다. 취미가 없는 우리의 일상은 훨씬 지루하고 삭막할 것입니다.

우리에게 필요하고 도움이 되는 행동들을 반복하는 것은 도파민이 있기에 가능한 일입니다. 이렇게 보면, 도파민이 마냥 나쁜 것만은 아니라는 생각이 드는군요. 우리가 살아가는 데 도움이 되는 행동들을 할 수 있도록 동기를 부여해 주니까요. 그런데 왜 '알코올 중독', '도박 중독'처럼 '도파민 중독'이라는 말이 생겨났을까요? 도파민은 우리의 일상 유지를 위해서 꼭 필요한 신경전달 물질인데 말이죠.

도파민을 얻는 착한 방법? 나쁜 방법?

사실 도파민 자체가 마냥 나쁜 것만은 아닙니다. 물론 과유불급이라는 말이 있듯이, 도파민도 과하게, 자주 분비되면 우리에게 안 좋은 영향을 미칩니다. 하지만 우리가 특히 경계해서 살펴보아야 할 점은 도파민 자체가 아니라 '도파민을 얻는 방법'입니다. 도파민을 어떤 방법으로 얻느냐에 따라 우리 삶에 치명적인 문제가 될 수도 있고, 우리 삶에 기쁨과 건강함을 줄 수도 있습니다. 도파민을 얻는 방법에는 두 가지가 있습니다. 바로 '수동적 방법'과 '능동적 방법'입니다.

도파민을 얻는 '수동적 방법'이란 큰 노력을 들이지 않아도 쉽고, 빠르게 도파민을 얻을 수 있는 방법입니다. 대표적인 수동적 방법으로는 유튜브,

틱톡과 같은 플랫폼에서 영상 시청하기가 있습니다. 유튜브나 틱톡에서는 온갖 자극적이고 재밌는 콘텐츠를 무한정으로 끊임없이 볼 수 있습니다. 내가 들이는 노력은 그저 자리에 앉거나 누운 채, 화면을 슥슥 넘기는 것뿐이지요. 노력에 비해 우리는 너무 쉽게 도파민 자극을 얻을 수 있습니다. 음주 역시도 도파민을 얻는 수동적 방법의 하나입니다. 알코올이라는 외부물질을 섭취하여 사람들은 손쉽게 기분이 좋아지고, 쾌락을 느낄 수 있죠. 더불어 불량식품, 아이스크림 등의 초가공식품 섭취도 손쉽게 도파민을 얻을 수 있는 수동적 방법이지요. 각종 감미료와 설탕 등의 도파민 자극은 우리에게 쾌락을 선사합니다. 영상 시청과 음주, 초가공식품 섭취 모두 별 노력 없이도 뇌에 도파민 자극을 줄 수 있는 수동적 방법입니다.

도파민을 얻는 '능동적 방법'이란 내적 동기를 가지고, 건강한 몰입을 통해 도파민을 얻는 방법입니다. 여러분은 좋아하는 취미나 공부에 시간 가는 줄 모르고 몰입했던 경험이 있나요? 방탄소년단의 멤버 지민은 연습생 시절, 연습실에서 춤을 추다 정신을 차려 보면 새벽이었다고 합니다. 그렇게 매일 춤을 몰입해서 추었다고 하지요. 상대성 이론을 발표한 물리학자 알베르트 아인슈타인은 학창 시절 좋아하는 수학 문제들을 밤이 새는 줄 모르고 몰입해 풀었다고 합니다.

이렇듯 나에게 의미 있는 활동에 내적 동기를 가지고 몰입하여 도파민을 얻는 것이 바로 '능동적 방법'입니다. 멋진 춤을 추고 싶다는 내적동기를 가지고 몰입하여 춤 연습을 하는 과정, 어려운 수학문제를 해결하고 싶다는 내적동기를 가지고 몰입하여 해결 방법을 탐구하는 과정에서 뇌에 도파민 자극을 줄 수가 있습니다. 이처럼 건강한 몰입을 통한 성취의 과정에서 도파민을 얻는 것이 능동적 방법입니다.

도파민 중독, 위험해지는 우리의 일상

'도파민 중독'이라는 단어의 의미는 도파민이 주는 쾌락에 중독되었다는 뜻입니다. 우리에게 도움이 되는 '능동적 방법'으로 도파민을 얻을지라도 과하게 중독된다면 좋지 않겠지요. 운동에 중독되어 하루 종일 운동만 하고, 일에 중독되어 온종일 일만 하는 일상은 건강한 일상이 아니니까요. 하지만 도파민 중독이라는 이슈에서 주목하는 도파민은 바로 '수동적 방법'으로 얻은 도파민입니다. 왜 수동적 방법으로 얻은 도파민은 '중독'이라는 말을 꺼낼 정도로 사람들이 경계하는 것일까요? 바로 도파민이 아래와 같은 특징을 가지고 있기 때문입니다.

첫 번째 특징은, 시간이 지나 도파민이 사라지게 되면 우리의 뇌는 스트레스, 짜증 등의 고통을 느끼게 된다는 점입니다.

때문에 우리의 뇌는 이러한 고통에서 벗어나기 위해 계속해서 쉽고 빠르게 도파민을 얻으려고 합니다. 이것이 바로 우리가 도중에 영상 시청을 중단할 수 없는 이유입니다. 영상을 보면서 얻은 도파민이 사라지게 되면, 우리 뇌는 고통에 빠지게 됩니다. 스트레스, 우울감과 짜증을 느끼게 되죠. 이러한 고통에서 빠져나오기 위해 뇌는 다시 빠르고 쉽게 도파민을 얻으려 영상을 찾게 되는 것이시오. 영상을 시청하면 도파민이 분비되어 언제 그랬냐는 듯이 짜증과 우울함이 사라지니까요. 영상을 보고 있으면 고통스럽지 않기에, 뇌는 영상을 계속 보라는 명령을 내리게 되는 것이지요.

두 번째 특징은, 우리 뇌는 갈수록 더 강한 도파민 자극을 원하게 된다는 점입니다.

우리의 뇌는 도파민이 분비될수록 도파민을 받아들이는 수용체의 개수를 줄여버립니다. 도파민으로부터 우리의 뇌를 보호하기 위해서이죠. 그 때문에 과거의 도파민 자극으로는 더 이상 만족감을 느끼기가 어렵게 됩니다. 따라서 적은 수용체로도 과거의 만족감을 얻을 수 있도록 더욱더 강력한 도파민 자극을 찾아 헤매게 되는 것입니다. 아마 여러분들도 처음에는 길이가 길고, 유익한 내용의 영상도 무리 없이 즐겁게 볼 수 있었을 것입니다. 그런데 영상을 보면 볼 수록 더 짧은 영상, 더 자극적인 내용의 영상을 찾아보게 되지는 않았나요? 우리 뇌가 긴 영상이 주는 도파민 자극에 익숙하게 되어, 더 강력한 도파민을 원하게 되기 때문입니다. 긴 영상이 주는 도파민으로는 더 이상 기분 좋음을 느낄 수 없게 된 것이지요. 따라서 우리의 뇌는 더 강력한 도파민을 주는 짧고 자극적인 정보가 담긴 콘텐츠를 탐닉하게 됩니다.

특히, 도파민은 예측 불가한 랜덤의 상황에서 더 강력하게 분비됩니다. 다음 쇼츠로 뭐가 나올지 모른다거나, 영상이 끝나고 다음 추천 영상으로 무엇이 뜨는지 알 수 없는 것이 바로 랜덤의 요소가 있는 것이지요. 지금 대부분의 플랫폼이 선택한 미디어 환경이 모두 예측 불가한 랜덤의 상황입니다. 틱톡이나 릴스 같은 플랫폼에서 우리는 다음 영상으로 어떤 영상이 나올지 알 수 없습니다. 다음 영상을 예측할 수 없는 상황은 더 강력한 도파민이 분비되게 합니다. 가챠 뽑기와 같은 미디어 환경에서 얻는 도파민의 즐거움을 끊지 못하고 우리는 다음 영상을 보기 위해 무한 스크롤링을 할 수밖에 없게 되지요.

우리 뇌는 효율적인 것을 좋아합니다. 같은 결과를 얻는다고 가정했을 때, 더 쉬운 방식을 택한다는 뜻이지요. 도파민을 얻기 위해서 우리 뇌는 빠르고 쉬운 방법을 선택하려고 합니다. 그렇다면 '스마트폰을 들어 어플을 누르고 영상 보기'와 '침대에서 몸을 일으켜 씻고, 옷을 갈아입고, 신발을 신고, 밖으로 나가 친구들을 모아 축구하기' 중에서 뇌는 무엇을 선택할까요? 높은 확률로 전자를 고르겠지요. 이러한 선택이 켜켜이 쌓인다면 나의 일상은 어떻게 될까요?

우리의 뇌는 즐거움을 느끼기 위해 도파민이 분비되었던 그 행동을 계속해서 반복하도록 명령합니다. 유튜브나 인스타그램을 통해 도파민을 얻었다면, 계속해서 유튜브와 인스타그램 보기를 반복하게 되겠지요. 심지어 갈수록 더 강한 도파민 자극을 원하게 됩니다. 그렇다면 우리는 갈수록 짧은 영상, 자극적인 내용의 영상을 탐닉하게 되겠지요. 이처럼 쉽고 빠른 수동적 방법만을 선택하여 즐거움을 느끼는 것을 반복한다면, 우리의 뇌는 능동적 방법으로 얻는 즐거움을 잊게 될 것입니다. 땀을 흘리며 운동을 할 때의 개운함, 어려운 문제를 해결해 나가는 과정에서의 즐거움, 가족과 눈을 맞추며 대화를 할 때의 만족감은 점점 희미하게 느껴질 것입니다. 그저 스마트폰을 들여다본 채, 화면을 슥슥 넘기며 더 재미있고, 더 자극적인 콘텐츠를 찾아 헤매면서요.

알고리즘의 무서움

알고리즘이 뭐예요?

'알고리즘 추천 노래', '알고리즘 타다 발견한 영상'처럼 우리는 일상에서 '알고리즘'이란 단어를 자주 사용합니다. '알고리즘'이 무슨 뜻인지 여러분은 알고 있나요? 국립국어원 표준국어대사전에서 알고리즘의 의미를 찾아보면 '어떤 문제의 해결을 위하여, 입력된 자료를 토대로 원하는 출력을 유도하여 내는 규칙의 집합'이라고 합니다. 사전의 의미만 보아서는 정확히 무슨 말인지 알기가 어렵군요. 쉽게 풀어 설명하자면 알고리즘이란, 어떠한 문제해결을 위해 수행하는 절차 및 방법이라고 할 수 있습니다.

예를 하나 들어볼까요? 우리가 외출 준비를 한다고 생각해 봅시다. 속옷을 입은 다음, 겉옷을 입고, 가방을 메고, 신발을 신고, 문을 열어야 하죠. 만약 위의 순서를 지키지 않으면 어떻게 될까요? 문 열기···▶가방 메기···▶겉옷 입기···▶신발 신기···▶속옷 입기를 한다면요? 외출준비라는 문제해결을 성공적으로 했다고 볼 수 없습니다. '외출 준비'라는 문제해결을 위해 '속옷 입기 ···▶ 겉옷 입기···▶ 가방 메기 ···▶ 신발 신기···▶ 문 열기'라는 절차와 방법을 지켜야 하는 것이지요. 이처럼 문제해결을 위한 절차 및 방법을 알고리즘이라고 합니다.

또한, 알고리즘을 효과적으로 작동시키기 위해서는 '자료'가 필요합니다. 예를 하나 들어 보겠습니다. 우리에게 빨리 도착할 수 있는 길을 알려주는 내비게이션은 '최단 경로 탐색 알고리즘'을 사용합니다. 빠른 길을 찾기 위해선 무엇이 필요할까요? 각 경로의 실시간 통행량을 알아야 하겠지요.

그뿐만 아니라 과거 이 시간대에 경로별 교통상황이 어땠는지의 기록도 필요할 것입니다. 이러한 '자료'들을 수집하여 알고리즘을 통해 분석하면, 가장 빨리 도착할 수 있는 경로를 알아낼 수 있습니다. 이렇듯 알고리즘은 '자료'를 활용하여 주어진 문제를 해결합니다.

알고리즘의 목적은 뭘까?

우리는 이제 알고리즘을 이용하여 주어진 문제를 효과적으로 해결할 수 있다는 것을 알았습니다. 이런 알고리즘은 유튜브, 인스타그램, 틱톡에서 어떻게 활용될까요? 바로 '어떻게 하면 사용자들이 플랫폼에 오래 머물까?'라는 문제를 해결하는 데 활용됩니다. 이것만 보고 끄기로 했는데 다음 추천 영상에 혹해 영상을 하나 더 시청한 적이 있나요? 틱톡이나 유튜브를 보면 볼수록 피드에 내가 봤던 영상과 비슷한 영상들, 내 취향의 영상들로 채워졌던 경험이 있나요? 아이돌 안무 영상을 딱 한 번만 보았는데, 그 이후에는 아이돌들의 다양한 안무 영상을 추천 영상으로 보여 주지 않던가요? 모두 알고리즘이 사용된 결과입니다. 알고리즘을 통해 나의 관심사나 취향, 나의 욕구를 파악할 수 있습니다. 그리고 그에 맞는 콘텐츠를 추천 콘텐츠로 보이게 하는 것이지요.

더 자세히 살펴보도록 합시다. 플랫폼 기업들의 목적은 '사용자가 플랫폼에 오래 머물기'입니다. 이를 해결하기 위해 '사용자들의 과거 행적'을 수집합니다. 어떤 검색어를 검색했는지, 오래 본 영상은 무엇인지, 어떤 영상에 좋아요를 했는지 등을 자료로 활용하기 위해서지요. 이 자료를 토대로 여러 절차와 방법, 즉 알고리즘을 통해 사용자들이 더 좋아하는 콘텐츠를 찾을 수 있습니다. 사용자가 이어서 볼 확률이 높은 콘텐츠를 찾는 것이지요. 그러면 이제 그것을 사용자들에게 제시합니다. 틱톡의 다음 영상이나, 유튜브 추천 동영상의 형태로요. '이거 봐. 네가 클릭하지 않고는 못 배기는 콘텐츠 가지고 왔어. 한번 볼래?' 높은 확률로 사용자는 다음 콘텐츠를 보게 되겠지요. 사용자들이 콘텐츠를 더 보는 순간, '사용자가 플랫폼에 오래 머물기'라는 목적이 알고리즘을 통해 성공적으로 이루어지는 것입니다. 우리가 플랫폼을 계속 사용할수록 알고리즘에서 다룰 수 있는 자료는 더 많아지게 됩니다. 참고할 자료가 더 많아진다면, 알고리즘은 더 정교하게 우리가 계속해서 보게 될 콘텐츠를 찾아 제공하게 되겠지요.

아자 래스킨의 양심고백

아자 래스킨은 앞서 도파민 편에서 잠깐 언급했던 무한 스크롤 인터페이스를 개발한 기술자입니다. 화면을 스크롤 하면 끝없이 다음 콘텐츠가 쏟아지는 것을 기술적으로 구현할 수 있게 한 사람이지요. 『도둑맞은 집중력(요한 하리)』에서 아자는 알고리즘에 대해 다음과 같이 이야기합니다.

'플랫폼 사용자 모두에게 우리를 본뜬 저주 인형이 하나씩 주어집니다.' 우리 역시도 플랫폼을 사용한다면, 이 저주 인형을 피할 수 없겠지요. 아자는 말합니다.

'처음에 인형은 나와 그리 비슷하지 않아요. 하지만 이 저주 인형은 '나의 검색기록', '내가 어떤 것을 클릭하는지', '주로 시청하는 영상 스타일' 등 나의 온라인 행적들을 수집하여 학습하기 시작해요. 그러면서 점점 인형은 나와 닮아가게 되죠. 그런 인형에게 특정한 콘텐츠를 보여 주고, 반

응이 어떤지 살펴봅니다. 인형의 반응이 좋다면 그 콘텐츠를 나에게 보여주는 것이지요.'

이것이 바로 아자가 설명하는 알고리즘입니다. 아자는 덧붙여 이렇게 말했습니다.

'참고로, 지구에 사는 인간 네 명 중 한 명꼴로 이런 인형을 갖고 있어요. 그리고 분명한 사실은 이 저주 인형이 점점 정교해지고 있다는 거예요.'

여러분은 내가 검색한 검색어와 관련된 광고가 뜬 적이 있나요? 슬라임을 검색했는데 그때부터 슬라임 구매 광고가 뜨진 않던가요? 가끔씩 이럴 때도 있습니다. 내가 검색하지도 않았고, 속으로만 생각했던 물건이 광고로 나올 때도 있지요. 아자는 이에 대해 이렇게 말합니다.

'알고리즘이 너무 정확해서, 우리가 무엇을 원할지 정확하게 예측해 광고를 띄우는 거예요. 정말 소름 돋죠.'

알고리즘은 우릴 걱정하지 않아

플랫폼 기업들이 원하는 것은 '사용자가 플랫폼에 오래 머물기'이지요. 그리고 이를 위해 '알고리즘'을 활용한다고 하였습니다. 사용자가 어떤 내용의 영상을 보면서 시간을 보내는 가는 중요한 문제가 아닙니다. 좋은 영상을 보든, 나쁜 영상을 보든, 사용자가 플랫폼에 오래 머물기만 하면 됩니다. 즉, 알고리즘이 미처 사용자를 고려하지 못하는 부분도 있다는 것입니다. 예를 들어, '갈증'이라는 문제를 물로 해결하든지, 술로 해결하든지 상관없다는 것입니다. 문제가 해결만 된다면 말이죠. 마시는 사람의 건강은 차후의 문제인 것입니다. 이렇듯 알고리즘에는 우리가 미처 생각하지 못하는 허점들이 있습니다.

'게임'이라는 단어를 검색했을 때, 두 개의 영상이 나온다고 생각해 봅시다. 첫 번째는 평화롭고 잔잔한 내용의 힐링 게임 영상입니다. 영상의 플레이어도 고운 말만 사용하고 게임 영상을 보니 행복감까지 느껴집니다. 두 번째는 거친 내용의 공포 게임 영상입니다. 플레이어도 비속어를 섞어 사용하며 화가 나 있습니다. 또한 게임의 내용도 폭력적입니다. 여러분은 두 개의 영상 중에 어떤 것을 더 오래 시청할 것 같나요? 사람들은 어떤 영상을 더 오래 볼까요? 놀랍게도 대부분의 사람은 긍정적인 영상보다 부정적인 영상을 더 오래 보게 됩니다. 그 이유는 바로 '부정 편향' 때문입니다.

부정 편향이 무엇인가요?

'부정 편향'이란 우리의 뇌가 긍정 정보보다 부정 정보에 강하게 반응하고, 더 오래 기억하는 것을 말합니다. 우리의 뇌는 부정적인 것에 더 많은 주의를 기울인다는 뜻입니다. 사실 이는 생존을 위해 진화해 온 뇌 기능 중의 하나입니다. 과거의 인류는 위험을 인식하고 이에 빠르게 반응하는 것이 생존에 유리하였습니다. 사나운 사자를 만나면 이 위험에 대해 빠르게 반응하는 사람이 살아남았겠죠? 그래서 인류는 부정 정보를 더 잘 인식하도록 진화해 온 것입니다. 웃는 얼굴의 사람과 화난 얼굴의 사람이 있을 때, 우리는 본능적으로 화난 사람의 얼굴부터 보게 됩니다.

'부정 편향'으로 인해 우리는 긍정적인 영상보다는 부정적인 영상에 더 반응할 수밖에 없습니다. 그 영상이 더 오래 기억에 남고요. 그렇다면 알고리즘은 우리에게 어떤 영상을 추천할까요? 알고리즘을 통해 얻고 싶은 목적은 '사용자가 플랫폼에 오래 머물기'라고 했습니다. 그렇다면 부정적인 영상들을 추천함으로써 우리의 강력한 반응을 끌어 내리려고 하겠지요. 더 오래 영상을 보도록 하기 위해서요. 우리는 차분하고 행복하게 하는 것보다 충격적이고 분노를 일으키는 것에 더 주의를 기울이니까요. 이렇듯 알고리즘은 우리를 부정적으로 만들면서 우리가 플랫폼에 점점 더 오래 머물 수 있도록 합니다.

미디어 전성시대, 현명하게 대처하자!

내 즐거움의 주도권은 나에게!

앞서 우리는 도파민을 얻는 '능동적 방법'과 '수동적 방법'에 대해 알아보았습니다. 운동이나 명상 등 '능동적 방법'을 통해 도파민을 얻는 일상과 인스타나 유튜브 등 '수동적 방법'을 통해 도파민을 얻는 일상은 분명 큰 차이가 있을 것입니다. 여러분은 어떤 일상으로 채워지는 삶을 살고 싶은가요? 나의 일상 속 즐거움의 주도권을 누구에게 쥐여주고 싶나요?

'뭐가 더 좋은지 몰라서 핸드폰만 하는 게 아니라고요. 운동이나 명상, 가족과의 대화가 좋은 걸 저도 알아요. 그런데 어느샌가 나도 모르게 유튜브랑 인스타, 틱톡을 보게 돼요! 공부할 때도, 산책하다가도 핸드폰을 하고 싶어져요.'라고 말하는 친구들의 목소리가 들리는 듯합니다. 물론 마음대로 되지 않는다는 건 스마트폰을 가지고 있는 우리가 모두 알고 있습니다. 오죽하면 '도파민 중독'이라는 단어가 나왔을까요. 그만큼 도파민의 쾌락 자극에 현명하게 대처하기는 어렵습니다. 『도둑맞은 집중력』의 저자 요한 하리는 이를 극복하고자 스마트폰과 노트북을 모두 버리고 낯선 곳으로 도망가기까지 합니다. 그곳에서는 인터넷 연결을 아예 끊어버리죠. 그 정도로 우리는 도파민이 주는 자극에서 벗어나기 힘듭니다. 그럼에도 불구하고, 포기하면 안 됩니다. 우리는 내 즐거움의 주도권이 나 자신에게 있어야 합니다. 스마트폰 속 미디어가 아니라요. 도파민의 쾌락 자극에 현명하게 대처하기 위해서 다음과 같이 해 볼 것을 추천합니다.

도파민 똑똑하게 다루기 첫걸음!: 인지하기

우선 첫 번째로, 도파민의 특성과 건강하게 도파민을 얻는 방법을 '인지'해야 합니다.

유튜브를 좋아하는 A와 B라는 친구가 있다고 생각해 봅시다. 내일까지 숙제를 해야 하는데, 둘 다 유튜브를 5시간이나 시청했네요. 이때, A는 본인을 자책하기 시작합니다.

'또 유튜브를 5시간이나 봤어. 잠깐 보려고 했는데 그게 내 마음대로 안 돼. 나는 의지박약인가 봐.'라며 **답답해하고 절망하게 되죠.**

도파민의 특성을 모르는 A는 문제의 원인을 오직 본인의 의지로만 돌립니다. 우리 뇌는 더 강한 도파민을 원하게 된다는 사실과 도파민이 사라지면 우울과 짜증이 올라와 영상 시청을 반복해서 하게 되는 사실을 알지 못하면 본인의 의지를 탓할 수밖에 없겠지요. A에게 남는 건 자책감과 스트레스뿐입니다. 스트레스를 받으니 A의 뇌는 스트레스에서 벗어나고자 또다시 즐거움을 얻으려고 하겠죠. A는 도파민을 얻는 건강한 방법이 무엇인지 모릅니다. 그럼 어떤 선택을 하게 될까요? 쉽고 빠르게 도파민을 얻기 위해서 다시 슬금슬금 유튜브를 누를 확률이 높아질 것입니다. 본인을 의지박약이라고 탓하며 답답한 마음을 다시 유튜브 시청으로 푸는 것이지요. 악순환을 끊지 못하고 반복하게 됩니다.

B도 유튜브를 5시간 보았습니다. 하지만 B는 도파민의 특성과 건강하게 도파민을 얻는 방법을 알고 있습니다. 이때 B는 이렇게 생각하겠지요.

'또 유튜브를 5시간이나 봤어. 내가 건강하지 못한 방법으로 도파민을 얻고 있구나. 건강하게 즐거움을 추구하는 방법도 시도해야겠어.'

5시간이나 유튜브를 보았다는 것에 초조함을 B도 느낄 것입니다. 하지만 도파민의 특성을 알고 있는 B는 자책감과 스트레스를 A보다는 덜 느끼겠지요. 도파민이 우리 뇌에 어떻게 작용하는지를 알고 있으며, 영상을 중간에 끊는 것은 모두에게 쉽지 않은 일이라는 것을 알고 있으니까요. B의 마음에 여유가 생기게 되는 것입니다. 이 여유가 건강하게 도파민을 얻을 수 있는 '능동적 방법'을 생각해 볼 수 있게 됩니다. B는 유튜브 보기를 대체할 '능동적 방법'들을 알고 있습니다. 운동이나 그림 그리기 같은 것들이요. 그럼 한 번씩 '능동적 방법'을 시도해 보는 것이지요. 도파민의 특성과 건강하게 도파민을 얻는 방법을 '인지'하는 것. 그것이 바로 내 즐거움의 주도권을 나에게로 가져올 수 있는 첫 시작이 됩니다.

도파민 똑똑하게 다루기 두 걸음!: 연습하기

두 번째로, 도파민을 얻는 능동적 방법을 '연습'하는 것입니다.

도파민을 얻는 능동적 방법이란 건강한 '몰입'을 통해 도파민을 얻는 것이라고 하였습니다. 건강한 '몰입'은 한 번 한다고 잘되지 않습니다. 여러 번

시도하고 연습하여야 건강한 몰입이 가능하게 됩니다. 그리고 몰입을 경험하면 할수록 몰입의 상태에 더 쉽게 도달할 수 있습니다.

우선, 건강한 몰입을 하기 위해서는 내 안의 내적동기가 뒷받침되어야 합니다. 이루고 싶은 목표가 있어야 하는 것이지요. 나에게 의미 있는 목표가 있을 때 우리는 강력한 내적 동기를 갖게 됩니다. 어린 시절의 아인슈타인에게 의미 있는 목표는 수학 문제를 푸는 것이었습니다. 때문에 수학 문제 풀이에 몰입할 수 있게 되었던 것이지요. 다음과 같은 예를 들어보겠습니다. 스트레스로 고통을 받는 요즘, 명상이 정신건강에 좋다는 이야기를 들었습니다. 우연히 명상을 하게 되었는데 정말 머리가 맑아지고 복잡한 감정이 사그라드는 경험을 했습니다. 앞으로 명상을 더 하고 싶다는 목표가 생기게 되었습니다. 이 목표가 나에게 의미 있을수록 명상에 몰입할 수 있는 내적동기가 강력하게 뒷받침됩니다.

다음으로, 당연한 말이지만 건강한 '몰입'을 하기 위해서는 시간과 노력을 들여야 합니다. 방탄소년단 지민이 아무리 멋진 춤 추기에 대한 강력한 내적동기가 있어도, 어느 순간 짠하고 춤 추기에 몰입할 수 있는 것이 아닙니다. 춤 추기에 몰입하기까지 많은 시간과 노력을 들여야 하죠. 시간과 노력을 들이지 않았다면 몰입은 유지되지 않았을 것입니다. 명상을 예로 들어보겠습니다. 명상 역시도 '지금부터 명상에 몰입할 거야. 시작!' 한다고 명상에 몰입할 순 없습니다. 명상에 몰입하기까지 시간과 노력을 쏟아야 하죠. 더 자세히 볼까요? 명상 방법 배우기, 나에게 잘 맞는 명상법 찾기, 명상 연습하기, 일상에서 틈틈이 시간을 내어 명상하기 등의 수많은 시간과 노력이 명상에 몰입하기 위해서 필요합니다. 이러한 과정이 있어야 서서히 명상에 몰입하게 되는 것이지요. 비단 명상뿐만이 아니라 도파민을 얻는 '능동적 방법' 즉, 건강한 몰입은 모두 시간과 노력이 필요합니다. '운동', '독서', '명상' 등 여러 가지 건강한 몰입 거리를 생각해 봅시다. 어느 하나라도 시간과 노력 없이 도달할 수 있는 것은 없습니다.

'안 그래도 피곤하고 바쁜데 언제 몰입할 거리를 찾아서 몰입을 하나요? 너무 귀찮고 힘들어요.'

라고 생각하는 친구들도 있을 것입니다. 하지만 너무 걱정 마세요. 여러분이 건강한 '몰입'을 한 번만이라도 한다면 도파민이 분비됩니다. 도파민의 힘은 강력합니다. 도파민은 도파민이 분비되었던 그 행위를 계속 반복하게 만드는 힘이 있습니다. 몰입을 한 번, 두 번 계속 반복하다 보면 어느 순간 여러분은 수월하게 몰입의 상태에 도달할 수 있을 것입니다. 도파민을 능동적인 방법으로 얻을 수 있게 되는 것이지요.

현명한 미디어 소비자가 되려면?

사실 플랫폼을 이용한다는 건 아슬아슬한 외줄타기와 같습니다. 플랫폼의 이용은 항상 위험이 함께 도사리고 있으니까요. 나도 모르게 주말 내내 콘텐츠를 끊임없이 탐닉할 수도 있습니다. 슬금슬금 자극적이고 불건전한 콘텐츠를 보게 될 수도 있죠. 그렇기에 우리는 이 위험에 현명하게 대비할 줄 알아야 합니다. 현명한 미디어 소비자가 되기 위해서는 어떻게 해야 할까요?

나에 대해 알기: '미디어 소비 패턴' 파악하기

우선, '나'에 대해 자세히 알아야 합니다. 나의 '미디어 소비 패턴'을 파악해 놓으면 현명한 미디어 소비자에 한 걸음 가까워질 수 있습니다. 나의 미디어 소비 패턴을 어떻게 파악할 수 있을까요? 다음과 같은 방법을 활용하여 본인의 미디어 소비 패턴을 면밀하게 파악할 것을 추천합니다.

우선, 미디어 '아예 끊기'를 해야 합니다. 제대로 읽은 게 맞는지 눈을 비비고 다시 읽는 친구들이 있을 듯합니다. 잘못 본 것이 아닙니다. 나를 즐겁게 만들던 유튜브, 틱톡, 인스타를 최대한 오랫동안 하지 않아야 합니다. 아무리 하고 싶어도 최선을 다해 내가 할 수 있는 만큼 절대 하지 않는 것입니다. 무척 고통스러운 시간을 감내해야 하죠. 이 결과는 사람마다 천차만별일 것입니다. 짧으면 몇 시간, 길면 며칠까지도 갈 수 있겠죠. 이를 통해 자신의 의지로 얼마 동안 미디어를 통제할 수 있는지 확인할 수가 있습니다. 즉, 미디어에 대한 '자기 조절'이 얼마만큼 가능한지 파악할 수 있습니다. 현명한 미디어 소비는 이 '자기 조절'에서 시작합니다. 여러분들도 한 번쯤 '아예 끊기'를 해 보고, 얼마 동안 자기 조절이 가능한지 확인해 보시길 바랍니다. 이때, 물리적으로 스마트폰과 멀어지는 것을 제안합니다. 나의 주머니에, 서랍 속에 스마트폰이 있다면 아무래도 실패할 확률이 높겠지요? 부모님이나 신뢰하는 어른께 말씀드려서 스마트폰과 실제로 멀어져 보세요. 스마트폰 상자를 만들어서 집에 들어오는 모든 가족 구성원들은 스마트폰을 상자에 넣는 것도 좋은 방법이 되겠네요.

그뿐만 아니라, 미디어 자극을 끊게 되면 우리 뇌에서도 긍정적인 변화가 일어납니다. 뇌가 새로고침을 시작하는 것이지요. 그리고 뇌는 새로운 즐거움을 탐색할 준비를 시작합니다. 틱톡을 볼 때 도파민이 분비되었던 뇌는 틱톡이 사라지면 다른 활동에서 즐거움을 얻으려고 하겠지요. 이럴 때 우리가 능동적인 방법(취미활동, 자기 계발, 사람들과 어울리기 등)으로 도파민을 얻게 된다면 뇌는 도파민을 얻는 새로운 방법을 찾게 되는 것입니다. '아예 끊기' 시간이 길면 길수록 우리 뇌는 새로고침을 효과적으로 할 수 있게 됩니다.

'아예 끊기'를 하는 중에 필요한 작업이 있습니다. 바로 '기록하기'입니다. '아예 끊기'를 하면서 나는 언제, 무엇을 할 때 미디어를 보고 싶었는지, 어떤 미디어를 보고 싶었는지, 무슨 감정이 들었을 때 미디어를 보려 하는지 등을 기록해 보아야 합니다. 기록을 통해 나의 미디어 소비 패턴을 파악합니다. 예를 들어, '간식을 먹을 때 유튜브를 너무 보고 싶었다.', '자기 전 침대에 누워서 스마트폰을 하는 것이 버릇이다.', '숙제가 많은 날은 숙제 하기 전에 스마트폰이 하고 싶다.', '땡땡 유튜버의 영상이 피드에 뜨면 반드시 보아야 직성이 풀린다.'처럼 나의 미디어 소비 패턴을 파악해 보는 것입니다. 이 또한 '자기 조절'을 잘하기 위해서 꼭 알아놓아야 하는 부분입니다.

자기 조절 연습하기: 미디어 소비 패턴을 바꾸어 보자!

'아예 끊기'를 통해 나의 '자기 조절' 능력이 어느 정도인지 알게 되었습니다. 이제 자기 조절 능력을 더 키울 수 있도록 연습해야겠지요. 자기 조절을 능숙하게 하기 위해서 아래와 같은 과정을 반복해야 합니다.

첫째, 나의 미디어 소비 패턴 분석하기입니다.

나의 미디어 소비 패턴을 분석한다면 수월한 자기 조절이 가능합니다. 예를 들어, '숙제가 많은 날은 숙제하기 전에 스마트폰이 하고 싶다.'라는 나의 미디어 소비 패턴을 찾아냈습니다. 그럼 이제 분석해 봅시다. 언제 스마트폰이 하고 싶어진다고 했죠? 숙제가 많은 날, 숙제하기 전이라고 했습니다. 이때 나는 어떤 감정과 생각을 가지고 있었을까요? 숙제가 많아 막막하고, 미루고 싶었을 것입니다. 부담스럽기도 하겠지요. 나는 숙제가 많을 때 스마트폰을 하고 싶어 하는군요. '지금 숙제를 하려니 막막한 감정이 들어서 스마트폰을 하고 싶어 하는구나.'라는 것을 알면 됩니다.

둘째, 미디어 소비 패턴 순서 바꾸기입니다.

말 그대로 패턴의 순서를 바꾸는 것입니다. 예를 들어, 스마트폰을 하고 숙제를 하는 것이 아니라, 숙제를 하고 스마트폰을 하는 것입니다. 네, 우리는 모두 알고 있습니다. 말이 쉽지 실제로 행동하기 어렵다는 것을요. 하지만 순서 바꾸기에 조건과 보상을 걸면, 좀 더 수월하게 패턴의 순서를 바꿀 수 있습니다. '숙제를 1시간 안에 다 한다면, 스마트폰을 20분 하자.'처럼 조건과 보상을 활용하여 나의 패턴을 바꿀 수 있습니다.

또는 '지금 숙제를 하려니 스마트폰이 하고 싶어지네. 딱 10분만 참아볼까?'를 시도해 볼 수도 있습니다. 10분을 참고 숙제를 하다 보면 스마트폰을 하고 싶다는 생각이 어느새 희미해질 수 있습니다. 스마트폰을 하지 않고 숙제를 해낸 성취감은 달콤한 보상이 될 것입니다. 실패해도 괜찮습니다. 다음에 또 10분 도전해 보면 됩니다. 만약 10분 참기에 성공하면 20분 참기에 도전합니다. 중요한 것은 미디어 소비 패턴을 바꾸며 자기 조절 능력을 조금씩 키워 나가는 것입니다.

셋째, 미디어 소비 패턴 방식 바꾸기입니다.

예를 들어, '간식을 먹을 때 유튜브를 너무 보고 싶다.'라는 미디어 소비 패턴이 있다고 봅시다. '간식을 먹을 때 심심하니까 유튜브가 보고 싶네.'라고 인지했다면, 이렇게 해 보는 것입니다. 간식을 먹는 방식을 바꾸는 것입니다. 혼자 식탁에 앉아 간식을 먹는 것이 아니라 가족들과 대화하면서 먹을 수도 있습니다. 또는 만화책을 보면서 간식을 먹을 수도 있겠죠. 또다른 예로 '자기 전 침대에 누워서 스마트폰을 하는 것이 버릇이다.'라는 미디어 소비 패턴이 있다고 봅시다. 그렇다면 다른 방식으로 하루를 마무리해 보는 것입니다. 일기 쓰기나 책 읽기의 방식으로 패턴을 바꿈으로써, 하루를 꽤 멋지게 마무리할 수 있습니다.

덧붙이며: 지금 우리 사회는

지금까지 미디어 전성시대에 소비자로서 자기 조절하는 방법을 소개하였습니다. 하지만 개인의 노력만으로 미디어 사용으로 인한 문제들을 해결할 수 있을까요? 물론 아닙니다. 미디어의 안전한 사용과 관련해서 국가와 기업 또한 책임을 가지고 문제들을 해결하기 위해 노력하여야 합니다. 대만에서는 2세 미만 아이의 스마트폰 사용을 법으로 금지하고 있습니다. 중국은 14세 미만 아이들에게 틱톡과 비슷한 숏폼 플랫폼 '너우인'의 사용 시간을 40분으로 제한해 놓았습니다. 기업들도 이러한 노력을 이제 막 시작하고 있습니다. 틱톡은 만 14세 미만 사용자의 계정 생성을 금지하고 있습니다.

지금 우리 사회에 미디어는 깊숙이 침투해 있습니다. 없어서는 안 될 존재가 되었지요. 그에 비해 미디어의 위험성을 예방하는 국가와 기업의 역할은 부족한 실정입니다. 자전거 타기와 걷기를 자주 하도록 설계된 도시는 비만율이 낮을 것입니다. 반대로 자동차 타기를 자주 하도록 설계된 도시는 비만율이 높을 것입니다. 이처럼 사회 구성원들이 건강하게 미디어 소비를 할 수 있도록 사회를 만들어 가는 데에 국가와 기업도 적극적으로 동참하여야 할 것입니다.

베끼는 것도
도둑질이 될 수 있다고?

☆ 1

쉬는 시간, 교실은 아이들의 유튜브 이야기로 북적거렸다.

"야! 마튜브 정말 대단하지 않냐?"

"그니까 말야. 어떻게 이렇게 멋지게 건물을 만들 수가 있지? 마치 동화 속 성 같아!"

"블록이 삼십만 개나 들었대. 진짜 대박이야. 만드는 데 얼마나 걸렸을까?"

마튜브는 세계 유명 건물을 짓는 콘텐츠를 올리는 게임 유튜버의 이름이다. 콘텐츠를 만드는 시간은 오래 걸리지만 콘텐츠를 올리기만 하면 조회수가 기본 백만 회가 넘는다. 민이는 그 유튜버가 부러웠다. 그리고 자신의 유튜브 채널을 확인해 보았다.

'구독자 수 육십칠 명…'

민이는 시무룩해졌다. 조회 수와 구독자 수를 높이기 위해서 매주 영상을 2~3개씩 올리면서 열심히 노력했지만 아직 멀었다고 생각했다. 여러 챌린지를 올리면서 조회 수가 반짝하고 올라갔으나 순간뿐이었다. 좀비 챌린지의 인기가 식으면서 민이의 조회 수는 다시 아래로 곤두박질쳤다.

"포기할 수는 없어! 나도 언젠간 마튜브 같은 유튜버가 꼭 되고 말 거야!"

민이는 다짐했다. 민이는 사람들이 왜 마튜브의 콘텐츠에 열광하는지 궁금했다. 그래서 스마트폰을 꺼내서 마튜브의 콘텐츠를 열심히 시청하기 시작했다. 시간이 얼마나 흘렀을까?

"민아~ 저녁 먹을 시간이야! 어서 나오렴~"

벌써 저녁 먹을 시간이라니! 시계를 보니 3시간이 훌쩍 지나가 있었다. 마튜브를 보고 있으니 너무 재미있고 신기해서 시간 가는 줄 몰랐다.

'이래서 사람들이 좋아하는구나~ 조회 수가 잘 나올 수밖에 없겠어!'

민이는 마튜브처럼 유명한 유튜버가 되고 싶었다.

'혹시 나도 마튜브처럼 멋진 건물을 만드는 영상을 올리면 구독자 수가 많이 오르지 않을까?'

민이는 마튜브의 콘텐츠 중에서 그나마 쉬워 보이는 미니 탑을 만들기로 했다. 민이는 건축 게임으로 간단한 탑을 만들고 그 과정을 영상으로 찍어서 자신의 유튜브에 올렸다. 영상을 만드는 데 2주일이나 걸렸지만 인기 유튜버가 될 수 있다는 생각에 하나도 힘들지 않았다.

'사람들이 내 영상을 많이 봐주면 좋을 텐데…'

민이는 스마트폰을 보다가 까무룩 잠들었다. 이윽고 다음 날 아침이 밝았다. 민이는 아침에 일어나자마자 얼른 자신의 유튜브 채널을 확인했다. 조회 수 오… 그러면 그렇지! 잔뜩 기대했던 민이는 풀이 죽은 모습으로 학교로 갔다.

☆ 2

그 뒤로 일주일이 흘렀다. 오늘도 점심시간에는 어김없이 아이들이 북적거리는 소리가 들렸다. 민이는 평소처럼 식판에 밥을 받아서 자리에 앉았다. 그런데 친구들이 민이에게 몰려들었다.

"야! 최민! 너 유튜브에 진짜 멋진 거 올렸더라! 지금 사람들한테 인기 짱 많아!"

엥? 이게 무슨 소리지? 민이는 얼른 자신의 유튜브 채널을 확인했다. 조회 수 사만 오천육백… 역대급 조회수였다. 구독자 수도 구백 명이나 늘었다. 민이는 자신의 눈을 의심했다.

'드디어 내 유튜브가 빛을 발하는 건가!'

"인기 급상승 영상에도 올라갔대! 너 진짜 대박이다. 댓글 반응도 뜨거워!"

2주일의 노력이 헛되지 않았다. 친구들의 칭찬과 쭉쭉 오르는 조회 수를 보면서 민이는 신이 났다. 밥을 몇 술 뜨지도 않았는데 벌써 배가 불렀다. 학교에서 민이가 지나갈 때마다 친구들이 '내가 그렇게 민민하니' 노래를 불러줬다. 학교에서 어딜 가든 민이의 얘기가 끊이질 않았다. 민이는 학교에서 인기스타였고 하루하루가 행복했다.

그렇게 일주일이 지났을까.

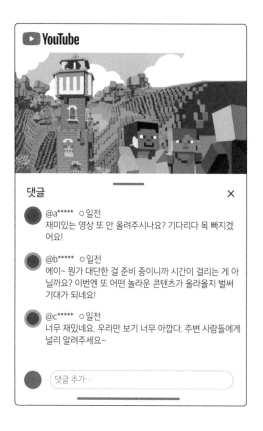

유튜브 댓글 창은 민이의 다음 영상에 대한 기대감으로 가득했다. 인기스타답게 학교에서는 민이가 지나가는 곳마다 친구들의 환호성이 들렸다. 민이의 사인을 받으러 온 옆 반 친구도 있었다. 주변 사람들의 기대에 부응하기 위해 민이는 다음 콘텐츠로 무엇을 올릴지 진지하게 고민하기 시작했다. 오후에 집에 돌아온 민이는 평소처럼 유튜브에 슬라임 영상을 올렸다.

'이번 영상도 사람들이 많이 봐줬으면 좋겠어.'

그런데 며칠이 지나도 조회 수가 별로 오르지 않았다. 조회 수만 안 오르면 다행인데 댓글 창의 반응이 심각했다.

사람들의 냉정한 반응에 민이는 충격을 받았다. 주변 사람들의 차가운 반응은 학교에서도 이어졌다. 더이상 민이에게 다가와 주고 환호해 주는 친구들은 없었다. 화장실에서 볼일을 볼 때 쑥덕쑥덕 친구들의 대화 소리가 들렸다. 자신에 대한 이야기였다. 민이는 친구들이 하는 대화를 엿들었다.

"야, 민미리민민에 새로운 영상 올라왔대."

"생각보다 별거 없던데? 실망이야."

집으로 돌아가는 길에 민이는 땅바닥에 버려진 자신의 사인을 보았다. 처량한 모습이 마치 자신과도 같았다. 그날 민이는 세상이 무너진 듯이 펑펑 울었다. 순간 그만둘까 하는 생각도 들었다.

☆ 3

다음 날 민이는 평소처럼 유튜브 콘텐츠를 시청했다. 그때 마튜브의 새로운 영상이 올라왔다. 역시나 마튜브의 영상은 사람들의 반응이 좋았다.

'역시 마튜브는 마튜브네. 나도 마튜브같이 되고 싶어.'

사람들의 열렬한 반응을 보면서 민이는 마튜브가 부러워졌다.

'나도 마튜브처럼 콘텐츠를 올린다면 사람들이 내게 다시 관심을 가져 주지 않을까?'

민이는 마튜브의 최신 영상을 찾아보기 시작했다. 그리고 그중에서 제일 재밌어 보이는 영상을 본떠서 자신의 콘텐츠로 만들었다. 결과는 성공이었다. 조회 수 십만 회… 높은 조회 수에 민이는 신이 났다. 댓글창의 반응은 굉장히 뜨거웠다.

학교에서도 민이는 다시 인기스타가 되었다. 쉬는 시간마다 민이 주변에는 친구들이 몰려들었다. 어딜 가나 민이를 찬양하는 소리가 들렸다.

'빨리 새로운 콘텐츠를 올려서 이 인기를 유지해야 해!'

민이는 조급해졌다. 민이는 마튜브와 비슷한 콘텐츠를 계속해서 올렸고 급기야 영상 전체를 베껴서 올리는 수준이 되었다. 구독자 수 이만 명, 평균 조회 수 십만… 민이는 이제 어엿한 유명 유튜버가 되었다. 학교에서 민이를 모르는 사람이 없었다. 민이는 너무나도 행복했다.

☆ 4

그런데…

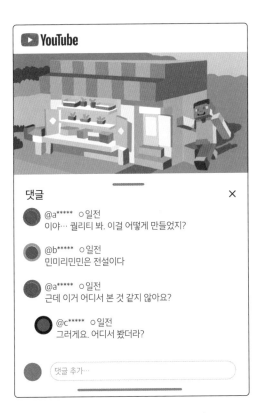

☆ 5

일주일 뒤 자신의 유튜브 채널을 확인한 민이는 충격에 빠졌다.

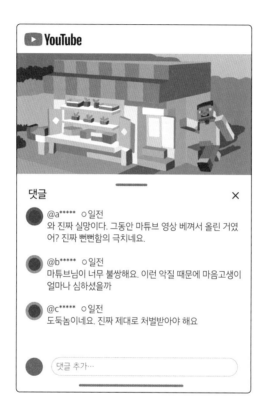

유튜브 댓글창은 자신을 비난하는 내용으로 가득했다. 이뿐만이 아니었다. 어딜 가든 사람들이 민이를 손가락질하면서 비난했다.

☆ 6

따르릉- 며칠 뒤 민이네 집으로 전화가 왔다. 어머니께서 전화를 받으셨다. 근데 어머니의 표정이 심각해 보였다. 평소와는 다른 어머니의 모습에 민이는 무슨 일인지 궁금했다. 뚝– 전화를 끊은 어머니께서 민이를 부르셨다.

"민아, 혹시 너 유튜브 하니?"
"응… 그런데 왜?"

어머니의 물음에 민이는 조심스럽게 대답했다. 돌아오는 어머니의 말씀은 민이에게 청천벽력과도 같았다.

"방금 저작권 고소 문제로 연락이 왔어. 네가 마튜브라는 사람의 영상을 베껴서 올렸다고 하는데 그게 사실이니!?"

민이는 당황했다. 큰일이 난 것 같아서 초조해지고 심장이 쿵쾅거렸다. 자신도 모르게 눈물이 찔끔 나왔다.

"엄마, 나 어떻게 해? 큰일 나는 거야?"

민이의 물음에 어머니께서 한숨을 쉬면서 말씀하셨다.

"아휴, 왜 그랬니… 유튜브 콘텐츠 같은 창작물도 주인이 있고 다른 사람의 소중한 재산이야. 다른 사람의 콘텐츠를 허락 없이 베끼는 것은 저작권법을 어기는 행동이자 도둑질이 될 수도 있어. 다행히 네가 어리기도 하고 이런 일이 처음이어서 이번 한 번은 봐주신다고 하더라. 다음부터는 조심하라고 하셨어. 관련 영상도 다 지우라고 하셨고."
"응, 엄마… 내가 잘못했어. 그냥 조회 수가 잘 나오길래 그만…"

민이는 그동안 마튜브를 따라 했던 자신의 행동이 후회되었다.

"다른 사람의 저작물을 존중해 주어야 해. 다음부터는 조심하렴."

어머니와의 대화가 끝난 뒤 민이는 관련 영상을 모두 지웠다. 저작물도 재산이라니… 민이는 저작물과 저작권법에 대해 문득 궁금해졌다.

작품에도 주인이 있다고?

우리 주변의 물건에는 대부분 주인이 있습니다. 그런데 작품에도 주인이 있다는 것을 알고 계셨나요? 작품의 주인은 작품을 만든 작가입니다. 그리고 우리는 작품의 주인인 작가의 권리를 존중해야 합니다. 이야기 속에서 문제가 되었던 것은 민이가 마튜브의 콘텐츠(작품)를 베껴서 자신이 만든 콘텐츠인 척했던 부분입니다. 이는 작가와 작품을 존중하지 않는 행동입니다. 이야기 속 일이 현실에서 반복되지 않도록 저작물과 저작자, 저작권에 대해서 자세히 알아볼까요?

저작물이란 무엇일까요?

저작물이란 인간의 생각이나 감정을 표현한 창작물을 말합니다. 작품이라고 해서 모두 저작물이 되는 것은 아니며 아래의 두 가지 조건을 만족해야만 비로소 저작물로 인정받을 수 있습니다.

> **〈저작물의 조건〉**
> (1) 인간의 생각과 감정이 표현되어 있어야 합니다.
> (2) 자신만의 창의성이 담겨 있어야 합니다.

위 조건에 따르면 인간이 아닌 존재가 만든 작품은 저작물이 될 수 없습니다. 또 내가 아무리 멋진 아이디어를 가지고 있더라도 그것이 작품으로 표현되지 못하고 생각에만 멈춘다면 그것도 저작물이 아닙니다. 아이디어가 작품의 형태로 '표현'되었을 때에만 비로소 저작물로 인정받기 때문입니다. 다른 사람의 작품을 그대로 따라 한 것 또한 저작물이 될 수 없습니다. 작품에 자신만의 '창의성'이 담겨 있지 않기 때문입니다.

저작물의 조건이 생각보다 까다로운 것 같다고요? 그래도 이러한 조건은 꼭 필요합니다. 위의 조건 없이 단순히 내가 생각하거나 만들었다는 이유만으로 저작물이라고 인정해버리면 세상 모든 것이 저작물이 될 것입니다. 그때는 저작물의 주인이 누구인지 알기도 어려울 것이고 저작물을 하나하나 존중하는 것도 불가능에 가깝겠지요. 그래서 우리는 작가의 생각과 감정이 창의적인 방법으로 표현된 작품만 비로소 작가만의 작품이자 저작물로 인정하고 있습니다.

우리 주변에서 흔히 볼 수 있는 저작물로는 어문 저작물, 음악 저작물, 연극 저작물, 미술 저작물, 건축 저작물, 사진 저작물, 영상 저작물, 도형 저작물, 컴퓨터 프로그램 저작물이 있습니다. 말이 너무 어렵다고요? 각 저작물이 어떤 것인지 쉽게 이해하도록 구체적인 예시를 정리해 두었습니다. 한번 살펴보세요!

<각 저작물의 예시>

(1) 어문 저작물: 소설, 시, 각본 등

(2) 음악 저작물: 작곡된 음악 등

(3) 연극 저작물: 연극, 무용 등

(4) 미술 저작물: 회화, 서예, 조각, 판화 등

(5) 건축 저작물: 건축물, 건축물 설계도 등

(6) 사진 저작물: 연예인 화보 사진, 홍보물 사진 등

(7) 영상 저작물: 영화, 동영상, 텔레비전 프로그램 등

(8) 도형 저작물: 지도, 도표, 약도 등

(9) 컴퓨터 프로그램 저작물: 아래한글, 파워포인트, 포토샵 등 창조적 개성
이 드러난 프로그램

저작자란 누구일까요?

저작자란 저작물을 만든 사람을 의미합니다. 저작물의 주인이죠. 저작자의 대표적인 예시로는 소설가나 만화가와 같은 저자, 드라마나 영화를 만드는 감독, 음악을 만든 작곡가와 작사가, 미술 분야에서 활동하는 화가, 조각가 등이 있습니다. 이 외에도 저작물을 만든 모든 사람이 저작자가 될 수 있습니다. 나만의 캐릭터를 만든 사람, 독창적인 유튜브 콘텐츠를 만든 사람도 모두 저작자입니다.

저작권이란 무엇일까요?

저작권은 저작자가 자신이 만든 저작물에 대해 갖는 권리입니다. 크게 저작인격권과 저작재산권으로 나누어 볼 수 있습니다.

〈저작물의 종류〉

(1) 저작인격권: 저작인격권은 저작자와 저작물의 명예에 관한 권리입니다. 구체적인 권리로는 저작물을 여러 사람에게 널리 드러내어 알릴 권리(공표권)와 스스로의 이름을 밝힐 권리(성명 표시권), 저작물을 바꾸지 못하게 할 수 있는 권리(동일성 유지권)가 있습니다.

(2) 저작재산권: 저작물의 이용으로 얻을 수 있는 경제적인 이익을 보호하기 위한 권리입니다. 구체적인 권리로는 복제할 권리(복제권), 상영, 연주 등의 방법으로 대중에게 공개할 권리(공연권), 유선 또는 무선통신의 방법으로 자료를 보내서 다른 사람이 이용할 수 있도록 할 권리(공중송신권), 전시할 권리(전시권), 널리 나누어 줄 권리(배포권), 빌려줄 권리(대여권) 등이 저작재산권에 속해 있습니다.

위와 같은 저작권은 법으로 보호를 받습니다. 하나의 저작물을 만들기 위해서는 저작자의 오랜 시간과 고민과 노력이 들어갑니다. 만약 저작권을 법으로 지켜주지 않는다면 어떻게 될까요? 다른 사람들이 자신이 만든 작품을 언제든지 훔칠 수 있다는 생각에 저작자의 걱정이 많아지고 창작 의욕이 줄어들 것입니다. 그래서 이러한 문제를 예방하고자 전 세계적으로 저작권법을 만들었습니다. 저작권법은 저작자의 권리를 보호하고 이용자가 공정하게 저작물을 이용하도록 하는 내용을 담고 있습니다.

저작권에 대해 좀 더 자세히 알아보겠습니다.

먼저 저작권은 언제 생길까요? 한국의 저작권법은 무방식주의를 따르고 있습니다. 말이 조금 어렵기는 하지만 간단히 설명하면 작품을 창작하는 순간 저작자에게 저작권이 생긴다는 것입니다. 즉 자신의 저작물을 따로 어딘가에 등록하지 않아도 작품을 만드는 순간 바로 저작권이 생기며 법적으로 보호를 받을 수 있습니다. 그러나 현실에서는 저작권과 관련한 다툼이 생겼을 때 난감한 순간이 발생하기도 합니다. 공식적인 기록이 없는 경우에 내가 이 저작물의 주인이라는 것을, 저작물을 이때 처음 만들었다는 것을 증명해야 하기 때문입니다. 그래서 여러분께 추천해 드리는 방법은 공식적인 방법으로 저작권을 등록하는 것입니다. 저작권은 한국 저작권 위원회 홈페이지에서 등록할 수 있습니다.

저작권은 언제까지 보호될까요? 저작물에 대한 경제적 권리인 저작재산권은 작품을 창작한 때를 시작으로 저작자 사후 70년까지를 보호기간으로 정하고 있습니다. 따라서 저작자가 사망한 뒤 70년이 지난 오래된 작품은 저작재산권이 소멸하여 자유롭게 이용할 수 있습니다. 그 예로 미국 월트 디즈니가 만든 초대 미키마우스 저작권이 95년 만에 저작재산권이 만료되어 2024년 1월부터 자유롭게 이용할 수 있게 되었습니다. 주의할 점은 이번에 저작재산권이 풀린 미키마우스는 증기선 윌리에 등장했던 흑백 애니메이션 캐릭터라는 것입니다. 우리에게 익숙한 빨간 바지를 입은 미키마우스는 아직 저작재산권으로 보호받고 있습니다. 미키마우스가 95년이나 저작재산권으로 보호받았다니 놀랍죠? 이처럼 진짜 오래된 작품이 아닌 경우에는 다 저작재산권이 있으므로 함부로 작품을 사용해서는 안 됩니다. 여러분이 살아 있는 동안 만들어진 저작물은 다 저작재산권으로 보호받고 있다고 생각하시면 쉽게 구분할 수 있을 것입니다.

저작권이 침해되는 순간들

소중한 우리의 저작권! 잘 지켜지면 좋을 텐데 현실에서는 그렇지 않은 경우도 많습니다. 최근 기술이 발달하면서 다양한 저작물을 접하기 쉬워진 만큼 저작권 침해 문제가 사회적인 문제로 떠오르고 있습니다. 여러분은 혹시 표절이라는 말을 들어 본 적이 있나요? 대학교 논문을 표절했다거나, 유명한 음원이나 안무를 표절했다는 기사는 뉴스에서도 심심찮게 찾아볼 수 있습니다. '표절'은 기존의 작품을 그대로 따라 하거나 비슷하게 베낀 것을 의미합니다. 이야기 속 주인공 민이도 마튜브의 콘텐츠를 베껴서 문제가 되었죠. 아이디어의 부족으로 베꼈든, 창작 시간의 부족으로 베꼈든 그 이유는 중요하지 않습니다. 표절은 그 자체로 범죄입니다. 하나의 저작물에는 저작자의 오랜 시간과 고민, 노력이 담겨 있는데 표절은 이러한 저작자의 노력을 한 순간에 물거품으로 만들어버리기 때문입니다. 창작자 본인은 엄청난 노력을 기울여서 겨우 작품을 완성했는데 다른 사람들이 그 작품을 손쉽게 가져다가 자기 작품처럼 사용한다면 과연 어느 누가 창작을 하고 싶을까요? 우리 모두 표절하는 일이 없도록 조심해야 합니다. 실제 현실에서 일어났던 표절 예시를 몇 가지 살펴볼까요?

(1) 미술 작품 표절

60대 화가 이모 씨가 다른 서양화가가 그린 대나무 그림 3점을 베껴서 그린 뒤 약 5년 동안 자신의 작품인 것처럼 전시회에서 전시하는 일이 있었습니다. 피해자인 서양화가는 주변 사람들로부터 표절 사실을 전해 듣고는 경찰서에 고소장을 제출했습니다. 2024년 5월 17일 법원에서는 이모 씨에게 징역 6개월과 집행유예 2년을 선고하고 120시간의 사회봉사를 명령했습니다.

〈관련 기사〉

(2) 논문 표절

일반적으로 대학교에서 학위를 따기 위해서는 논문을 써야 합니다. 원칙적으로는 자신이 연구한 내용을 바탕으로 논문을 써야 하지만 간혹 양심을 버리고 다른 사람의 논문을 베끼는 사람들이 있습니다. 그 예로 뉴스만 봐도 여야를 막론하고 논문 표절 의혹에 휩싸인 정치인들이 많습니다. 논문 표절은 다른 사람의 연구 성과를 도둑질하는 것입니다. 과거에는 기술적 한계로 표절 확인이 어려웠으나 과학기술이 발달하면서 최근에는 표절 검사 프로그램으로 쉽게 표절을 확인할 수 있게 되었습니다.

(3) 사진 표절

40대 김모 씨가 인터넷에서 찾은 바닷가 풍경 사진이 마음에 들어서 이를 복사해서 한 여행사 사이트에 '한려수도'라는 제목으로 사진을 올린 적이 있었습니다. 그 결과 2005년 1월 김모 씨는 법원에서 벌금 30만 원을 선고받았습니다. 사진도 대상 선정, 카

〈관련 기사〉

메라 각도 설정 등 사진 촬영자의 창의성이 담긴 하나의 저작물입니다. 인터넷에 올라온 사진을 함부로 퍼다가 사용하는 일이 없도록 조심합시다.

(4) 유튜브 콘텐츠 표절

앞서 나왔던 민이의 이야기처럼 현실에서도 유튜브 콘텐츠 도용 문제가 빈번하게 일어나고 있습니다. 그 예로 최근 구독자 수 140만 명의 과학, 우주 유튜버의 영상을 다른 유튜버가 표절해서 자신의 콘텐츠로 올리는 일이 있었습니다. 원저작자인 유튜버는 표절 문제를 다룬 영상을 올려서 표절 문제를 널리 알렸고 현재 표절 영상은 모두 지워진 상태입니다.

(5) 글 표절

최근 남의 글을 훔쳐서 온라인에 자신의 글인 것처럼 올리는 것도 원저작자의 사회적 평판을 침해할 수 있다면 저작권법 위반으로 처벌할 수 있다는 법원 판단이 나왔습니다. 2015~2018년 송모 씨가 기계항공 공학 박사인 피해자의 글을 자신이 쓴 것처

〈관련 기사〉

럼 페이스북에 여러 차례 올리는 일이 있었습니다. 대법원은 이번 표절이 원저작자의 명예를 훼손한다고 보았고 벌금 1000만 원을 선고하였습니다. 다른 사람의 글도 하나의 저작물입니다. 다른 사람의 글을 가져다 쓰는 일이 없도록 합시다.

앞서 살펴본 것처럼 저작권이 침해되는 사례가 현실에서도 종종 발생하고 있습니다. 글, 사진, 영상, 음악 등 우리 주변에 있는 거의 모든 것들에도 다 주인이 있고 법으로 보호를 받습니다. 그리고 만화, 드라마 등 저작물을 캡처한 스크린샷 또한 저작권법의 보호 대상입니다. 아주 오래된 작품이 아니면 대부분 다 저작권이 있을 테니 아무 작품도 사용할 수가 없겠

다고요? 너무 걱정하지 마세요. 한국에서는 상업적 목적이 아닌 개인적인 목적을 가지고 공개된 저작물을 이용하는 경우에는 저작권 침해로 보지 않습니다. 저작권의 과도한 인정으로 인해서 문화 산업 발전이 저해되는 것을 막기 위해서죠. 그 예로 인터넷에 있는 사진 파일을 다운로드했다고 해서 바로 저작권 침해가 되지는 않습니다. 다만 이를 다시 업로드해서 다른 사람들이 볼 수 있게 하면 불법, 저작권 침해가 됩니다. 또 돈을 벌기 위한 목적으로 다른 사람의 저작물을 이용하는 것도 불법이 될 수 있습니다. 정리하자면 개인적인 목적으로 저작물을 이용하는 것은 괜찮지만 다른 사람들이 볼 수 있는 곳에 저작물을 다시 업로드하거나 그 저작물을 이용해서 경제적인 이익을 얻으면 저작권 침해가 될 수 있습니다. 추가로 기억해야 할 점은 반드시 외부에 공개된 저작물만 이용할 수 있다는 것입니다. 외부에 공개되지 않은 저작물을 무단으로 복제하는 것은 개인적인 목적으로 활용하더라도 허용되지 않습니다. 그 예로 영화관에서 상영 중인 영화를 불법사이트를 통해서 몰래 다운로드하여 시청해서는 안 됩니다.

저작권을 침해하면 어떻게 될까?

다른 사람의 저작권을 침해하면 어떻게 될까요? 타인의 저작권을 침해했을 때에는 소송 결과에 따라서 민사 처분과 형사 처벌을 받을 수 있습니다.

(1) 민사 처분

민사 처분으로는 저작권 침해행위중단과 손해배상이 있습니다. 침해행위중단은 저작권을 침해하는 행동을 당장 멈추는 것을 뜻합니다. 그 예로 유튜브 영상을 표절한 경우에는 해당 영상을 삭제해야 합니다. 손해배상은 저작권 침해로 인해 저작자가 입게 된 피해를 금전적(돈)으로 보상하는 것을 의미합니다. 자세한 액수는 재판을 통해 결정됩니다.

(2) 형사 처벌

다른 사람의 저작권을 침해했을 때는 저작권법 제136조에 따라서 최대 5년 이하의 징역 및 5천만 원 이하의 벌금형을 받을 수 있습니다.

청소년 저작권 침해 고소 각하제에 대해 알아보자!

이제 여러분은 저작권이 무엇인지, 왜 저작권을 침해해서는 안 되는지 이해하셨을 겁니다. 여러분이 충분히 잘할 것이라고 생각하지만 혹시나 실수로 저작권을 침해했을 때 도움을 받을 수 있는 제도를 하나 소개해 드리겠습니다. 바로 청소년 저작권 침해 고소 각하제입니다. 이 제도는 기존에 저작권법을 어긴 적 없는 청소년이 실수로 저작권을 침해했을 때 1회에 한해 조사 없이 각하 처분을 받을 수 있도록 하는 내용을 담고 있습니다. 이야기 속 주인공인 민이가 따로 조사나 처벌을 받지 않은 이유이기도 합니다. 한때 저작권에 대해 잘 모르는 청소년들이 저작권을 침해하는 사례가 많았습니다. 고소를 당한 청소년이 자살로 생을 마감하는 안타까운 사건도 있었지요. 그래서 정부는 미래를 이끌어 갈 청소년들이 한순간의 실수로 전과자(범죄를 저지른 사람)가 되는 것을 막기 위해 이 제도를 만들었습니다. 다만 이 제도는 1회에 한해서만 여러분을 보호할 수 있기 때문에 저작권에 대해 늘 관심을 가지고 이를 존중하고 보호할 수 있도록 노력해야 합니다.

나만의 저작물을 만들어 보자!

이제 여러분도 나만의 저작물 만들기에 도전해 보는 건 어떨까요? 여러분의 오랜 고민과 시간, 노력이 들어가겠지만 분명 노력한 만큼 보상을 받을수 있을 것입니다. 무엇을 만들지 고민된다고요? 여러분이 관심 있는 분야와 잘하는 분야를 생각해 보고 거기서 출발해 보세요. 여러분은 창의적이고 무한한 가능성을 지닌 존재랍니다. 나 자신을 믿고 천천히 시작해 보세요! 떠오르는 생각이 하나 있는데 내가 한 생각을 기존에 다른 사람이먼저 했을까 봐 걱정된다고요? 문화가 얼마나 발전했는데 기존에 있던 것과는 완전하게 다른 새롭고 창조적인 작품을 만드는 것은 불가능하지 않냐고요? 걱정하지 마세요. 저작권법에서 보호하는 것은 아이디어가 구체적인 방법으로 표현된 저작물(작품) 그 자체이지 아이디어가 아닙니다. 다른 작품에서 주제에 대한 영감을 얻었다고 하더라도 자신만의 창의성을담아서 완전히 새로운 작품을 창작한다면 이것은 새로운 저작물을 창조한 것으로 봅니다. 따라서 이 경우에는 저작권법에 걸리지 않습니다. 여러분도 나만의 개성이 담긴 작품을 만드는 것에 도전해 보시기 바랍니다.

내 저작물을 다른 사람이 허락 없이 마음대로 사용하고 있어요!

내가 힘들게 만든 저작물을 다른 사람이 허락 없이 마음대로 사용하고 있다면 어떻게 해야 할까요? 당황스럽겠지만 마음을 가라앉히고 먼저 저작권 침해가 맞는지 확인해야 합니다. 내가 만든 작품이 저작물로서 보호를 받을 수 있는지 확인하고 상대방이 내 저작물을 침해한 것이 맞는지 하나하나 따져 보는 것입니다. 이때 저작권 침해가 맞다면 상대방에게 침해 사실을 담은 자료를 모아서 경고장을 보낼 수 있습니다. 상대방에게 알아서 저작물 침해 행동을 멈추라고 의사표현을 하는 것이지요. 만약 상대방이 이를 무시한다면 법적 대응도 할 수 있습니다. 민사 소송과 형사 고소가 있는데 시간은 좀 걸리지만 나의 명예 및 저작권 침해로 인한 경제적 피해를 회복할 수 있는 가장 확실한 방법입니다.

그 밖에도 플랫폼에 따라 저작권 침해 시 다른 도움도 받을 수 있습니다. 예를 들어 유튜브의 경우에는 저작권 침해 신고를 넣을 수 있습니다. 저작권 침해 사실을 정리해서 유튜브 회사에 신고하고 저작권 위반 영상에 대한 삭제 요청을 하는 것입니다. 검토 후 저작권을 위반한 채널은 저작권 위반 경고가 1회 주어집니다. 저작권 위반 경고가 3회 쌓이면 해당 유튜브 채널은 폐쇄됩니다.

저작권 침해 공익신고 제도

그동안은 저작자 본인만이 저작권 침해 사실을 신고할 수 있었습니다. 다른 사람이 저작권 침해 사실을 발견해도 신고 권리가 없기 때문에 할 수 있는 일은 저작자에게 침해 사실을 알려주는 것뿐이었습니다. 그러나 최근 공익신고자보호법이 개정됨에 따라 이제는 저작권 침해 행위도 공익신고가 가능해졌습니다. 공익신고란 국민의 건강과 안전, 환경, 소비자의 이익, 공정한 경쟁 및 이에 준하는 공공의 이익을 침해하는 행동을 공익신고 기관에 신고하는 것을 뜻합니다. 이제 누구나 저작권 침해 공익신고를 할 수 있으며 신고자는 국민권익위원회로부터 비밀보장, 신변 보호, 보호 조치, 책임 감면 등의 보호를 받을 수 있습니다. 저작권 침해 행위가 공익 신고의 대상이 되었다는 것은 사회적으로 저작권을 매우 중요하게 생각하고 저작권 침해 행동을 공공의 이익을 침해하는 큰 문제로 본다는 뜻입니다. 여러분도 저작권 침해 사실을 발견하면 문화체육관광부나 국민권익위원회에 직접 방문하거나 우편으로 공익신고를 할 수 있습니다. 또는 청렴 포털 누리집(www.clean.go.kr)이나 한국저작권보호원 신고 누리집(copy112.kcopa.or.kr)에서 온라인으로도 공익신고가 가능합니다.

저작권을 존중하는 방법을 알아보자

저작권을 존중하는 방법들

저작자의 권리를 존중하고 저작권 침해를 예방하기 위해서는 저작권에 대한 충분한 지식을 갖추고 다른 사람의 저작물을 공정한 방법으로 이용해야 합니다. 저작권을 존중하는 방법 몇 가지를 살펴보겠습니다.

첫째, 음악, 영화, 글꼴, 소프트웨어 등 저작물을 사용할 때는 꼭 정품을 구입해서 이용하세요. 우리는 가게에서 물건을 살 때 정당한 대가(돈)를 지불하고 물건을 구입합니다. 그러나 이상하게도 영화, 드라마, 소프트웨어 등 다른 저작물을 이용할 때는 돈을 아끼려고 불법 다운로드를 하는 사람들이 있습니다. 앞서 여러 번 언급했듯이 모든 저작물에는 저작자의 노력이 담겨 있습니다. 그리고 저작물을 활용해서 수익을 창출하는 것은 저작자의 정당한 권리입니다. 저작물 불법 다운로드는 이러한 저작자의 권리를 무시하는 행동입니다. 자신의 노력에 대한 정당한 보상을 받지 못한다면 그 누가 열심히 노력하려고 할까요? 그 밖에도 불법 다운로드한 저작물은 주기적인 업데이트나 지원을 받지 못하기 때문에 보안이 취약하다는 문제점도 있습니다. 저작자의 권리를 존중하고 우리의 안전을 지키기 위해서 여러분은 꼭 정품을 구입해서 사용하시기 바랍니다.

둘째, 저작물을 이용할 때 저작자로부터 허락을 받으세요. 저작물도 엄연한 저작자의 재산입니다. 우리는 평소에 다른 사람의 물건을 빌릴 때 물건 주인의 허락을 받습니다. 저작물도 마찬가지입니다. 저작물을 사용할 때는 저작물의 주인인 저작자의 허락을 받아야 합니다. 저작자의 허락 없이 마음대로 다른 사람의 사진이나 음악, 영상 등을 자신의 SNS에 올리거나 다른 사람과 공유해서는 안 됩니다. 또 저작자의 허락을 받았다고 해도 허락받은 범위 안에서만 저작물을 사용해야 합니다. 저작자가 저작물을 사용해도 된다고 허락했다고 해서 저작물을 내 마음대로 해도 된다는 것은 아닙니다. 반드시 허락받은 범위 안에서만 공정한 방법으로 저작물을 이용하시기 바랍니다.

셋째, 저작물을 이용할 때는 출처를 꼭 밝히세요. 저작물을 이용할 때는 저작물이 누구의 것인지, 내가 어디서 가져온 것인지 출처를 꼭 밝혀야 합니다. 출처가 없다면 저작물의 주인이 누구인지 알 수 없기 때문에 그 저작물의 주인이 나라고 다른 사람들이 오해할 수도 있습니다. 출처 표시는 저작물을 사용하게 해 준 저작자에게 고마움과 예의를 표현하는 기본 매너이자 저작물 이용자의 의무입니다. 여러분도 다른 사람의 저작물을 이용하실 때는 꼭 출처를 밝혀 주시기 바랍니다. 그런데 간혹 출처만 표시하면 된다고 생각하고 저작물을 마음대로 사용하는 몇몇 이용자들이 있습니다. 여러분이 또 알아두셔야 할 점은 출처를 표시했다고 해서 저작권 침해가 아닌 것은 아니라는 점입니다. 공정한 방법으로 저작물을 이용하기 위해서는 출처를 바르게 표시할 뿐만 아니라 저작자로부터 사용해도 된다는 허락 또한 반드시 받아야 합니다.

넷째, 저작권에 대해 꾸준히 공부하세요. 아는 만큼 보이고, 아는 만큼 실천할 수 있습니다. 저작권 개념이 다소 어렵게 느껴지실 수도 있고 중간중간 제도나 법이 바뀌어서 당황하는 부분도 있을 것입니다. 그래도 여러분이 인내심을 가지고 저작권을 이해하기 위해 꾸준히 노력하면 좋겠습니다. 저작권에 관해 관심을 가지고 저작권을 열심히 공부한다면 여러분도 저작권을 존중하는 훌륭한 디지털 시민이 될 수 있습니다. 저작권을 공부할 때 참고하면 좋은 저작권 관련 누리집이나 도서 목록은 4교시의 마지막 부분에 정리해 두었으니 나중에 확인해 보세요!

크리에이티브 코먼스 라이선스(CCL: Creative Commons License)란?

저작물을 이용할 때에는 저작자의 허락을 받아야 합니다. 그러나 현실적으로 이용자가 저작물을 활용하고 싶은 매 순간마다 저작자의 허락을 받기는 쉽지 않습니다. 그래서 사람들은 저작자의 권리를 지키면서도 저작물을 자유롭게 공유할 수 있도록 크리에이티브 코먼스 라이선스(CCL)를 만들었습니다. CCL이란 저작자가 저작물의 사용조건을 미리 안내해 두어서 이용자가 저작자에게 따로 허락을 구하지 않고도 제시된 조건을 지켜서 저작물을 이용할 수 있게 하는 제도입니다. 저작물 사용 조건은 크게 4

가지가 있으며 일반적으로 이 조건들을 조합하여 만든 6가지의 CCL을 활용하고 있습니다.

저작물 사용 조건 4가지

기호		의미
	저작자 표시(BY)	저작물을 활용할 때 저작자와 출처를 반드시 표시해야 합니다.
	비영리(NC)	저작물을 돈을 벌기 위한 용도로 사용할 수 없습니다.
	변경 금지(ND)	저작물을 변경하거나 다른 창작물에 이용할 수 없습니다(원저작물 그대로 사용해야만 합니다).
	동일조건 변경 허락(SA)	동일한 라이선스(CCL)를 표시하는 것을 조건으로 이 저작물을 이용해서 새로운 저작물을 제작할 수 있습니다.

출처: ⓒⓒ **creative commons license**

CCL 6가지

기호	의미
	저작자 표시(CC BY) –저작자 및 출처만 표시한다면 제한없이 자유롭게 이용할 수 있습니다. –가능한 예시: 복사 및 배포, 상업적 이용, 저작물 변경

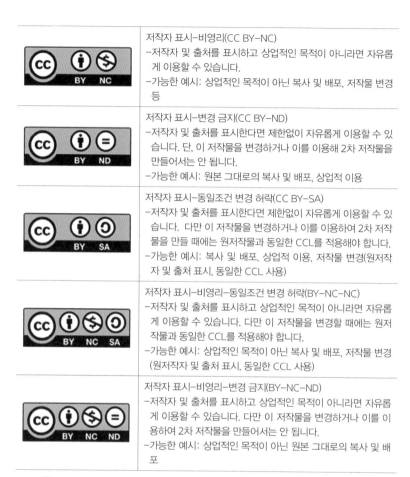

	저작자 표시-비영리(CC BY-NC) -저작자 및 출처를 표시하고 상업적인 목적이 아니라면 자유롭게 이용할 수 있습니다. -가능한 예시: 상업적인 목적이 아닌 복사 및 배포, 저작물 변경 등
	저작자 표시-변경 금지(CC BY-ND) -저작자 및 출처를 표시한다면 제한없이 자유롭게 이용할 수 있습니다. 단, 이 저작물을 변경하거나 이를 이용해 2차 저작물을 만들어서는 안 됩니다. -가능한 예시: 원본 그대로의 복사 및 배포, 상업적 이용
	저작자 표시-동일조건 변경 허락(CC BY-SA) -저작자 및 출처를 표시한다면 제한없이 자유롭게 이용할 수 있습니다. 다만 이 저작물을 변경하거나 이를 이용하여 2차 저작물을 만들 때에는 원저작물과 동일한 CCL를 적용해야 합니다. -가능한 예시: 복사 및 배포, 상업적 이용, 저작물 변경(원저작자 및 출처 표시, 동일한 CCL 사용)
	저작자 표시-비영리-동일조건 변경 허락(BY-NC-NC) -저작자 및 출처를 표시하고 상업적인 목적이 아니라면 자유롭게 이용할 수 있습니다. 다만 이 저작물을 변경할 때에는 원저작물과 동일한 CCL를 적용해야 합니다. -가능한 예시: 상업적인 목적이 아닌 복사 및 배포, 저작물 변경(원저작자 및 출처 표시, 동일한 CCL 사용)
	저작자 표시-비영리-변경 금지(BY-NC-ND) -저작자 및 출처를 표시하고 상업적인 목적이 아니라면 자유롭게 이용할 수 있습니다. 다만 이 저작물을 변경하거나 이를 이용하여 2차 저작물을 만들어서는 안 됩니다. -가능한 예시: 상업적인 목적이 아닌 원본 그대로의 복사 및 배포

위와 같은 CCL이 표시된 저작물은 주어진 조건만 지킨다면 저작물을 활용할 때 저작권자의 허락을 따로 받을 필요가 없습니다. 여러분도 다른 사람의 저작물을 활용할 때 CCL 기호가 있는지 잘 살펴보시고 이용조건을 지켜서 저작물을 사용하시기 바랍니다.

👍 알아두면 좋은 저작권 관련 누리집 및 도서

한국 저작권 위원회(www.copyright.or.kr)

저작권과 관련된 용어, 법, 판례 등 다양한 정보를 제공하는 누리집입니다. 그 밖에도 이곳에서 저작권을 등록하거나 저작권과 관련된 상담 또한 받을 수 있습니다.

크리에이티브 코먼스 라이선스 누리집(https://ccl.cckorea.org)

CCL에 대한 여러 가지 정보를 얻을 수 있습니다.

청렴포털 누리집(www.clean.go.kr), 한국저작권보호원 신고누리집(copy112.kcopa.or.kr)

저작권 침해 사실을 발견했을 때 이곳에서 공익신고를 할 수 있습니다.

『나도 저작권이 있어요!』

_김기태

어린이, 청소년들이 꼭 알아야 할 저작권에 대한 지식을 이해하기 쉽게 소개한 책입니다.

동아리 홍보는 AI가 맡았다

"아, 뭐라고 적냐…"

재원이가 책상에 고개를 묻고 중얼거렸다. 내일까지 방송부 홍보 대본을 써 오라고 말하던 리나의 얼굴이 아른아른 떠올랐다. 축구 약속도 1시간 밖에 안 남았는데 마음이 급해졌다. 썼다, 지웠다 반복한 게 도대체 몇 번째인지. 지우개로 너무 많이 지워서 공책이 찢어질 지경이었다.

재원이는 방송부의 카메라맨이었다. 홍보 대본은 방송부 작가의 일이었지만, 교통사고로 입원한 탓에 급하게 재원이가 대타가 되었다. 차라리 공부하거나 운동을 하라고 했으면 잘했을 텐데. 평소에 편지 쓰는 것조차 어려워했던 재원이는 앞이 막막했다.

"어… 우리 방송부에 들어오면… 멋진 선배들이 있고… 그리고…."

동아리의 장점을 떠올려 보려고 했으나 생각처럼 잘되지 않았다. 재원이는 머리를 쥐어뜯었다. 전에 선우가 도와준다고 했을 때 혼자 해낼 수 있다고 큰소리친 게 후회되었다. 선우도 홍보 포스터를 만드느라 정신없을 텐데… 하지만 예상했던 것보다 훨씬 막막해서 선우의 도움이 절실해졌다. 조금만 도와달라고 하는 건 괜찮지 않을까? 재원이는 슬그머니 공책을 덮고 핸드폰을 켰다.

재12

선우님

선우님

저 좀 도와주세요

서누

왜? 무슨 일 있어?

다행히 선우가 바로 답장을 보내주었다. 재원이는 벼랑 끝에서 동아줄을 붙잡은 기분이었다. 책을 좋아하는 선우라면 글도 잘 쓸 게 분명했다.

나 홍보글 하나도 못 썼어

혹시 좋은 아이디어 없을까?

음…

그 뒤에는 한참 동안 '입력 중'이 떴다가 사라지기만 반복했다. 선우야, 제발 도와줘! 재원이는 동아줄을 붙잡듯 핸드폰을 부여잡고 마음속으로 크게 외쳤다. 간절한 재원이의 부름에 응답하듯 곧이어 선우가 멋진 포스터와 함께 답장을 보내왔다.

미디초등학교

방송부
신입부원
모집

모집	대상	방송부 활동에 관심있는 4학년, 5학년
모집	분야	아나운서, 카메라맨, 엔지니어, 작가(PD)
활동	내용	아침 방송 (매일 안전 영상 송출) 주간 노래 추천 (매주 월요일 점심시간) 영상 제작 (학교 홍보, 안전 영상 제작)
접수	기간	12월 1일 ~ 12월 10일
오디션	날짜	12월 17일
접수	방법	6학년 10반 앞 바구니에 서류 제출
문	의	김미리 선생님(방송부 담당 선생님)

많은 관심 부탁드립니다

AI 도움을 받아보는 건 어때?

나도 포스터 만드는 거 힘들어서

수정할 때는 AI 조금 썼어

오 AI가 다 해 준 거야?

그건 아니고, 난 참고만 한 거야

홍보 포스터에 들어가야 할 내용 중에

빠진 게 없는지 물어봤는데

내가 오디션 날짜를 빼먹었더라고

> 그리고 그림도 지저분해서

> AI가 그려준 그림 보고 참고해서 수정했어

간결하면서도 방송부 오디션 날짜를 확실하게 알 수 있는 디자인이었다. AI의 도움을 받으면 이렇게나 멋진 결과물을 만들어 낼 수 있다니! 재원이는 감탄했다.

> 그거 나도 쓸 수 있어?

> 응 근데 어른이랑 같이 써야 해

> 너 대학생 형 있다면서

> 형한테 한 번 물어봐

형 이야기가 나오자마자 재원의 머릿속에 '챗GPT'라는 단어가 섬광처럼 떠올랐다. 무엇인지는 잘 모르겠지만, 요즘에 형이 과제할 때마다 사용하는 것이었다. 재원이는 선우에게 고맙다는 답장을 보내고 곧바로 형의 방으로 갔다. 형은 컴퓨터 화면에 집중하며 열심히 타자를 치고 있었다. 보아하니 오늘도 챗GPT를 사용 중인 것 같았다.

"형⋯ 나 챗GPT 사용해 보고 싶은데 도와줄 수 있어?"

"왜? 너 숙제하려고?"

"응. 나 방송부 홍보 대본 써야 하는데. 뭐라고 적을지 하나도 모르겠어."

"으이구. 알겠어. 이리 와 봐."

형은 새로운 화면을 켜더니, 채팅창에 '방송부 홍보글을 써 줘'라고 적었다. 챗GPT는 질문을 입력하자마자 빠른 속도로 답변을 뱉어내기 시작했다.

안녕하세요, 여러분 방송부에 관심을 가져주셔서 감사합니다. 방송부는 우리 학교의 목소리와 얼굴을 담당하는 멋진 부서입니다. 방송부에 들어오시면 다양한 활동을 통해 여러분의 재능을 마음껏 발휘할 수 있습니다.

방송부의 주요 활동

1. 아침 방송: 매일 아침, 여러분의 목소리로 하루를 시작해 보세요. 학교 소식, 공지사항, 그리고 흥미로운 이야기들을 전하는 중요한 역할을 맡게 됩니다.
2. 행사 진행: 학교 행사나 축제에서 진행을 맡아 무대를 빛내 주세요. 많은 사람들 앞에서 발표하며 자신감을 키울 수 있는 기회입니다.
3. 영상 제작: 다양한 영상 콘텐츠를 기획하고 제작합니다. 촬영, 편집 기술을 배우고 실습해 볼 수 있습니다.
4. 인터뷰: 학교의 선생님, 친구들과 인터뷰를 통해 소중한 이야기를 나눠 보세요. 좋은 질문을 던지고, 귀중한 답변을 이끌어 내는 능력을 키울 수 있습니다.

방송부에 가입해야 하는 이유

- 창의력 발휘: 새로운 아이디어를 자유롭게 제안하고 실행할 수 있는 환경이 마련되어 있습니다.
- 팀워크 경험: 협력과 소통을 통해 팀원들과 함께 멋진 결과물을 만들어 내는 성취감을 느낄 수 있습니다.
- 실전 경험: 방송 장비 사용법을 익히고, 실제 방송을 진행하면서 실전 경험을 쌓을 수 있습니다.
- 커뮤니케이션 스킬 향상: 대중 앞에서 발표하는 경험을 통해 말하기와 발표 능력을 향상시킬 수 있습니다.

재원이는 놀란 눈으로 형을 바라보았다. 형은 얼빠진 재원이의 얼굴을 보고 웃음을 터뜨렸다.

"형 이거 진짜 대박이다! 나 이거 사용해도 돼?"

재형아! 거실에서 형을 부르는 어머니의 목소리가 들렸다. 형은 허둥지둥 나가며 챗GPT에게 추가로 질문할 게 있으면 해도 된다고 말했다. 앞서 형이 하려던 말이 궁금했지만, 축구 약속에 늦지 않으려면 빨리 이 숙제를 마무리해야 했다. 얼른 공책을 챙겨온 재원이는 챗GPT의 답변을 찬찬히 읽어보았다.

챗GPT의 답변은 진짜 놀라웠다. 단순히 홍보글을 적어달라고만 말했을 뿐인데, 방송부에서 하는 주요 활동과 방송부에 가입해야 하는 이유를 세세하게 정리해서 알려주었다. 머릿속에서 둥둥 떠다니던 생각 구름이 마치 글로 정리된 것 같았다. 재원이의 가슴이 두근거렸다. 그냥 이거 그대로 내도 될 거 같은데? 원래 내 일도 아닌데 이 정도만 해가면 충분하지! 그렇겠지? 리나에게 홍보글을 보여 주는 상상을 해 보았다. 이걸 그대로 보여 주면…. 재원이는 눈을 질끈 감았다. 실망한 리나의 얼굴이 아른거렸다. 어쩔 수 없지 뭐. 더 해야겠다. 재원이는 챗GPT가 알려준 정보를 중얼거렸다. 주요 활동에는 아침 방송, 영상 제작, 인터뷰… 챗GPT는 방송부에 대해 엄청나게 잘 알고 있는 듯했다. 하지만 챗GPT는 미디초 방송부만의 행사는 몰랐다. 일주일에 한 번 점심시간에 사연과 함께 노래를 틀어주는 〈주간노래추천〉 코너였다. 재원이는 다시 눈을 뜨고, 챗GPT에게 답장을 보냈다.

[방송부의 주요 활동에 '주간노래추천' 활동을 추가해 줘. 매주 월요일 점심시간에 해. 사연과 함께 어울리는 노래를 적은 엽서를 내면 추첨을 통해

소개해 주는 활동이야]

챗GPT는 곧바로 답변했다. 내용까지 추가했으니 되었겠지? 재원이는 챗
GPT가 답변해 준 내용을 바탕으로 대본을 쓰려다가 혹시나 싶어 한 마디
더 던져보았다. 지금까지 알려준 내용으로 대본을 짜 줄래?

[음악 시작]

나래이터
(밝고 활기찬 목소리) 안녕하세요. 여러분! 우리 학교의 목소리와 얼굴을 담당하는
멋진 부서, 방송부에 대해 소개해드리겠습니다!

화면 전환
(아침 방송을 진행하는 학생들의 모습)

나래이터
매일 아침, 여러분의 목소리로 학교의 하루를 시작해 보세요. 중요한 소식과 흥미
로눈 이야기들을 전하는 멋진 역할을 맡게 됩니다.

화면 전환
(행사 진행을 맡은 학생들의 모습)

나래이터
학교 행사나 축제에서 진행을 맡아 무대를 빛내주세요. 많은 사람들 앞에서 발표하
며 자신감을 키울 수 있는 기회입니다.

화면 전환
(영상 촬영 및 편집하는 학생들의 모습)

나래이터
방송부에서는 다양한 영상 콘텐츠를 제작합니다. 촬영, 편집 기술을 배우고 실습
해 보세요.

재원이는 입을 틀어막았다. 와, 이게 뭐야. 아예 대본을 써 줄 줄이야! 그냥 베끼기만 하면 되겠네! 재원이는 챗GPT가 알려준 홍보 대본을 공책에 열심히 적었다. 양이 너무 많아서 손이 아플 지경이었다. 정신을 차려 보니 약속 시간이 10분밖에 남지 않은 상태였다. 재원이는 부엌에 있는 형에게 고맙다고 말하고 급하게 약속 장소로 나갔다.

다음 날 아침, 재원이는 등교하자마자 선우를 찾았다. 선우는 대본은 다 써왔냐고 물으며, 자신이 만들어 온 포스터의 실물을 보여 주었다. 어제 보여 주었던 사진과는 조금 달랐지만 선우만의 색이 더 잘 드러나서 한층 멋있어 보였다. 재원이 역시 선우에게 홍보 대본을 보여 주었다. 원래는 리나에게 먼저 보여 주려 했었지만, 선우가 어제 조언해 준 것에 대한 일종의 감사 표시였다.

"선우야, 고마워. 네 덕분에 나도 대본을 써 올 수 있었어."

선우는 공책을 받아 들고 찬찬히 읽다가 이내 고개를 갸우뚱했다. 재원이는 예상과 다른 선우의 반응에 멈칫했다. 내가 뭘 잘못했나. 분명 필요한 내용은 다 들어간 거 같은데. 선우는 재원이에게 조심스럽게 말했다.

"재원아… 이거 다시 써야 할 것 같아. 네가 쓸 홍보 대본은 영상 대본이 아니라, 목소리만 나가는 라디오 대본이야."

선우가 난감하다는 듯 인상을 찌푸렸다.

"그리고 이거 AI 답변 그대로 베낀 거야? 사실인지 확인도 안 한 것 같아. 이거 봐봐. 아침 방송 때 우리는 멘트 없이 안전 영상만 틀어 주잖아."

재원이의 얼굴이 점점 뜨거워졌다. 모든 게 엉망진창이 된 기분이었다. 그 대로 베끼지 말고 수정할 걸. 안절부절못하는 재원이를 본 선우는 한숨을 내쉬더니 재원을 붙잡고 담임 선생님께 향했다.

"선생님, 저희가 방송부 활동 때문에 대본을 작성해야 하는데 혹시 아침 시간 동안만 태블릿 사용해도 될까요?"

"음? 무슨 일 있니?"

"재원이가 대본 작성할 때 AI한테 도움을 받았는데, 대본을 좀 수정해야 할 것 같아서요."

선우의 말을 듣자마자 담임 선생님은 재원이를 응시했다. 재원이는 너무 창피해서 금방이라도 눈물이 쏟아질 것 같았다. 그냥 내가 혼자서 다 쓸 걸. 나쁜 행동을 한 것 같아…. 재원이의 고개가 점점 바닥을 향했다. 그때 재원이의 정수리 위로 선생님의 다정한 목소리가 내려왔다.

"재원아, 선생님이 널 도와주고 싶은데, 뭐가 문제였는지 알아야 도와줄 수 있을 것 같아. AI를 쓸 때 무슨 문제가 있었니?"

"제가, 챗GPT가 써준 대본을 그대로 베꼈어요. 맞는지 확인도 안 해 봤고요."

선생님께서는 재원이의 어깨를 토닥였다.

"AI는 잘 쓰면 도움이 되지만, 잘못 쓰면 독이 되기도 하지. 아직 재원이가 생성형 AI를 어떻게 써야 하는지 잘 몰라서 이런 일이 생긴 것 같네. 선생님이 도와줄게. 선생님이랑 대본 같이 보면서 수정하자."

재원이는 선생님께서 무슨 말씀을 하시든 그대로 따라야겠다고 생각하며 고개를 끄덕거렸다.

생성형 AI가 미디어를 진화시켰다고?

여러분은 생성형 AI를 이용해 본 적 있나요? 혹은 생성형 AI라는 말을 들어본 적 있나요? 이야기 속의 재원이와 선우는 AI의 도움을 받아 방송부 홍보 대본과 홍보 포스터를 만들었습니다. 재원이는 챗GPT의 답변을 공책에 받아 적을 때만 해도 챗GPT의 능력에 감탄하며 만족스러워했습니다. 하지만 정작 결과물을 제출할 때가 되자 대본에 문제가 있다는 사실을 깨닫고 후회했지요. 도대체 생성형 AI가 뭐길래, 재원이가 작성한 글이 문제가 되었을까요?

생성형 AI가 뭔데?

생성형 AI는 텍스트, 이미지, 음악 등 새로운 콘텐츠를 생성할 수 있는 AI입니다. 생성형 AI에는 챗GPT뿐 아니라 구글의 '제미나이(Gemini)', 텍스트 설명을 듣고 이미지로 변경해 주는 '달리(DALL-E)'와 '미드저니(Midjourney)', 가사를 입력하면 음악을 작곡해 주는 '수노(Suno)' 등이 있습니다. 생성형 AI는 머신러닝과 딥러닝 기술을 바탕으로 엄청나게 많은 데이터를 학습하여 창의적인 결과물을 만들어냅니다. 생성형 AI는 어떻게 창의적인 결과물을 만들어 낼 수 있는 걸까요?

먼저 AI가 무엇인지 알아봅시다. AI는 Artificial Intelligence의 약자로, 우리나라 말로는 '인공지능'이라고 합니다. 쉽게 설명하면 인간이 아님에도 인간처럼 생각하고 행동하는 기계라고 말할 수 있습니다. 인공지능은 오래전부터 사람들이 꿈꾸던 기계였습니다. 단순한 도구를 넘어서 인간과 비슷하거나, 더 똑똑한 기계를 만들기 위해 고대부터 많은 시도가 있었지요. 당시에는 기술이 많이 발전하지 않아서 인간의 움직임을 모방하는 것에만 초점이 맞춰졌다고 합니다. 하지만 과학의 발전이 가속화되면서 인간의 움직임뿐만 아니라 인간의 지능 또한 모방할 수 있게 되었습니다. 1900년대에는 앨런 튜링*을 시작으로 수학 계산이 가능한 컴퓨터 과학이 발전하기 시작합니다. 컴퓨터 과학은 매우 빠르게 발전해, 인간만이 할 수 있다는 체스와 바둑을 학습하기도 했습니다. 심지어 인간을 대상으로 여러 차례 승리를 거두었습니다. 사람의 행동 방식을 이해하고 사람처럼 판단할 수 있는 컴퓨터는 인공지능을 가지고 있다고 볼 수 있겠지요. 이렇듯 인공지능은 사람이 예상하지 못할 정도로 빠르게 발전하고 있습니다.

인공지능이 어떻게 이렇게 빠르게 발전할 수 있었을까요? 인공지능은 우리보다 훨씬 빠른 속도로 공부하기 때문입니다.

인공지능의 대표적인 공부 방법에는 머신러닝과 딥러닝이 있습니다. 이 두 가지는 인공지능이 데이터를 보고 스스로 배우는 기술입니다.

예를 들어, 머신러닝이 등장하기 전에는 컴퓨터에게 "발이 4개고, 털로 덮여 있으며, 꼬리가 있는 것은 강아지다"라고 일일이 가르쳐야 했습니다. 하지만 이러한 규칙을 가르치는 방법에는 문제가 있었습니다. 다른 동물의 사진을 보여 주어도 컴퓨터가 강아지라고 잘못 대답하는 경우가 많았기 때문입니다.

머신러닝이 등장한 후에는 인공지능에게 강아지 사진과 다른 동물 사진

---

* 영국의 수학자이자 컴퓨터 과학자. 컴퓨터의 기초가 된 튜링 기계와 기계가 인공지능을 가졌는지 판별하는 튜링 테스트를 고안했다.

을 보여 주며 "이건 강아지다" 또는 "이건 강아지가 아니다"라고 알려주는 방법을 사용하기 시작했습니다. 그러면 인공지능은 데이터를 분석해 스스로 "강아지는 이런 특징이 있구나!"라고 배우게 되었습니다.

머신러닝이 발전하면서 딥러닝이라는 방법이 등장했습니다. 딥러닝은 머신러닝의 한 분야로, 사람의 뇌가 정보를 처리하는 방식을 본떠 만든 것입니다. 딥러닝은 뇌 속의 신경 세포인 뉴런이 연결된 형태를 모방한 인공 신경망이라는 구조를 사용합니다. 이 인공 신경망 덕분에 컴퓨터는 더 많은 데이터를 보고, 더 복잡한 규칙을 스스로 배울 수 있습니다.

예를 들어, 컴퓨터에게 강아지와 고양이 사진을 보여 주고 어떤 사진이 강아지인지 맞히게 합니다. 처음에는 컴퓨터가 잘못 대답할 수도 있습니다. 하지만 강아지와 고양이 사진을 수만 번, 수백만 번 반복해서 보여 주면, 컴퓨터는 점점 더 정확하게 두 동물을 구분할 수 있게 됩니다.

딥러닝은 특히 많은 데이터가 필요합니다. 과거에는 AI에게 제공할 수 있는 사진이나 글 같은 데이터가 많지 않았기 때문에 AI가 충분히 배우기 어려웠습니다. 하지만 오늘날에는 인터넷에 수많은 사진과 글이 있고, 컴퓨터의 성능도 크게 향상되어 AI가 더 많이 배우고 더 빨리 똑똑해질 수 있습니다. 그리고 만들어진 목적에 따라 각 AI가 학습하는 데이터의 종류가 다릅니다. 예를 들면 텍스트 기반의 AI는 책, 웹사이트, 뉴스 기사 등 인간의 언어로 쓰인 데이터를 학습하며, 이미지 기반의 AI는 인터넷상의 이미지, 저작권 만료된 명화 등을 학습합니다. 음악 기반의 AI는 클래식의 악보, 노래 가사, 오디오 파일 등을 바탕으로 음악적 요소를 학습한다는 것은 여러분도 추측할 수 있겠지요?

생성형 AI는 이미 학습한 정보를 적용하는 것뿐만 아니라, 학습한 패턴을 활용하여 새로운 것을 창조해 낼 수도 있습니다. 인간의 고유 능력이라 믿었던 지식 생산과 창작 행위까지 가능해진 AI가 등장했을 때 사람들은 믿을 수 없다는 반응을 보이기도 했습니다. 그럼에도 불구하고 이제는 많은 사람이 일상적으로 생성형 AI를 사용하지요.

이제 우리는 생성형 AI가 무엇인지 설명할 수 있습니다. 생성형 AI가 처음 등장했을 때 사람들은 환호와 동시에 염려를 표했습니다. 생성형 AI가 일상에서 숨 쉬듯 활용된다면 많은 직업이 인공지능으로 대체될 수도 있다는 무시무시한 이야기까지 등장하기도 했습니다. 특히 미디어 산업에서는 생성형 AI를 주시 중입니다. 생성형 AI가 미디어에 어떤 영향을 미치고 있길래 그런 걸까요?

미디어가 어떻게 진화되었는데?

생성형 AI의 활용 방법은 무궁무진합니다. 단순히 질문에 답하는 것부터, 글과 그림에 적용할 수 있는 아이디어도 제공할 수 있습니다. 심지어 직접 그림을 그리거나 음악까지 작곡해 내기도 합니다. 이러한 생성형 AI의 등장은 기존의 콘텐츠 생성 방식을 혁신적으로 바꾸었습니다.

생성형 AI의 등장 이전에도 인터넷의 발달 덕분에 미디어의 활용과 창작에 능동적으로 참여하는 사람이 많이 늘어나긴 했습니다. 그러나 이때는 개인이 검색을 얼마나 잘하느냐에 따라서 얻을 수 있는 정보와 양과 질이 매우 달랐습니다. 또한 얻은 정보를 바탕으로 '새로운 창작물을 만들어 내는 것'은 오롯이 인간의 몫이었습니다.

하지만 챗GPT, 미드저니 등의 생성형 AI가 등장하면서 일반인도 준전문가 수준의 미디어 콘텐츠를 만들어 낼 수 있게 되었습니다. 인터넷을 사용할 줄 아는 사람이라면 누구나 생성형 AI에게 접근할 수 있는 환경이 조성된 것이지요. 우리는 일상에서 컴퓨터, 스마트폰의 웹 브라우저, 애플리케이션에 포함된 AI를 통해 업무와 창작 활동에 도움을 받고 있습니다.

더불어 예전에는 프로그래밍 언어를 통해서만 AI에게 명령을 내릴 수 있었습니다. 따라서 프로그래밍 전문가가 아니라면 AI를 다루기가 어려웠지요. 하지만 이제는 우리가 일상적으로 사용하는 언어를 통해서도 명령을 내릴 수 있게 되었습니다. 자바, 파이썬 등 고급 프로그래밍 언어를 몰라도 AI에게 명령을 내려 글을 쓰거나 그림을 그릴 수도 있게 된 것입니다.

생성형 AI는 엄청나게 빠른 속도로 대중에게 퍼져나가고 있습니다. 그 속도가 얼마나 빠른지 알아볼까요? 100만 명의 사용자를 모으는 데 트위터는 1년, 페이스북은 10달, 인스타그램은 2.5달 걸렸습니다. 생성형 AI의 대표 주자인 챗GPT는 얼마나 걸렸을까요? 무려 출시 5일 만에 100만 명의 사용자를 확보했습니다. 지금도 사용자는 계속 증가하고 있지요.

이렇게 AI는 전문가뿐 아니라 일반인까지도 쉽게 사용할 수 있는 '범용성'을 지녀서 미디어 산업에 매우 큰 영향을 미쳤습니다. 이제는 많은 사람들이 업무의 효율성을 위해 생성형 AI를 사용하고 있습니다. 이러한 생성형 AI가 생산해 낼 수 있는 미디어 콘텐츠에는 어떤 것이 있는지 알아봅시다.

AI도 직업을 가지고 싶어요

AI가 기사를 쓴다고?

인공지능이 기자 대신 기사를 작성하는 것을 '로봇 저널리즘'이라고 합니다. 이때 로봇은 컴퓨터 소프트웨어를 의미합니다. 로봇 저널리즘은 2000년대 초반부터 본격적으로 시작되었으며, 대부분 스포츠 경기, 금융 등의 데이터를 빠른 속도로 송출하는 데 사용되었습니다. 현재에 이르러서는 미국 언론인 'LA타임스', '로이터' 등에서 속보 기사를 쓰는 기자의 일부를 로봇으로 대체하기까지 했습니다. AI가 쓰는 기사는 속도와 데이터 정확성 면에서 놀라운 결과를 보여 주었다고 합니다. 특히 LA 타임스의 퀘이크봇은 지진 속보를 가장 빨리 전달해서 주목받기도 했습니다. 우리나라에서도 여러 신문사가 로봇 저널리즘을 도입했습니다. AI의 성능이 향상되면서 인간 기자와 AI가 협업해 기사를 쓸 뿐만 아니라 AI가 단독으로 기사를 쓰는 수준까지 이르렀습니다.

지금 제가 두 개의 기사를 보여드리겠습니다. 두 기사 중 AI가 쓴 기사는 무엇일지 한번 맞혀 보세요!

> 〈가〉 A구단은 16일 열린 2015 프로야구 B구단과의 홈 경기에서 1-10으로 크게 패했다. A구단은 홍길동을 선발로 등판시켰고, B구단은 임꺽정이 나섰다. (중략) A구단은 임꺽정을 끝까지 공략하지 못하며 안방에서 B구단에게 9점차 승리를 내주었다. 한편 오늘 B구단에게 패한 A구단은 6연패를 기록하며 수렁에 빠졌다.

> 〈나〉 A구단이 B구단에게서 승리를 얻어내고 4연패에서 탈출했다. A구단은 26일 대전에서 열린 KBO 리그 B구단과의 원정 경기에서 16-9로 승리했다. A구단 홍길동은 홈런 포함 2안타 3타점, B구단의 임꺽정은 3안타 3타점으로 맹타를 휘둘렀다. (중략) 이후 큰 점수 차를 지킨 A구단은 16-9 대승으로 경기를 마무리 지었다.

정답은 〈가〉입니다. 이렇게 AI가 작성한 기사는 사람이 쓴 것과 구분하기 어려운 수준까지 발전했습니다. AI 기자가 사람 기자를 대체할 것이라는 의견은 아직 섣부른 것일 수 있으나, 기자와 AI의 협업은 현재도 진행 중입니다.

AI가 소설도 쓴다고?

기사는 실제로 있었던 일을 쓴 글입니다. 데이터를 수집해 문장으로 만드는 건 AI도 기사의 패턴만 익히면 충분히 해낼 수 있을 것 같지요. 그렇다면 AI가 상상과 창작이 필요한 소설도 쓸 수 있을까요? 2008년 러시아에서는 '안나 카레니나' 캐릭터를 활용해 AI를 기반으로 쓴 소설이 발표되었습니다. 2016년 일본에서는 AI가 쓴 단편 소설이 SF문학상 예심을 통과하는 사건도 있었습니다. 기술이 더 발전해 2018년에는 AI가 사람의 도움을 받지 않고 쓴 '1 the road'라는 책도 등장했지요.

최근에는 우리나라에서도 AI의 도움을 받아 쓴 소설이 출간되었습니다. 이 소설은 인간 작가가 설정한 소설의 배경, 설정, 스토리보드를 바탕으로 AI가 문장을 썼다고 합니다. 해당 소설을 쓴 AI는 1,000권이 넘는 단행본과 소설, 뉴스, 논문 등을 공부했습니다. 여전히 AI가 기존에 배운 데이터를 바탕으로 작업물을 내놓는다는 점, 인간의 도움을 받는다는 점에서 AI만의 독창적인 창의성이 존재한다고 보기는 어렵습니다. 하지만 AI가 쓴 문장은 거의 수정할 것이 없을 만큼 자연스러웠다고 하니, 언젠가 '소설가'라는 직업 대신 '소설 감독'이라는 직업이 등장할 것이라는 예측도 완전히 틀린 건 아니겠지요.

AI가 그림 대회에서 1등을 했다고?

AI가 글만 쓸 수 있을까요? 그렇지 않습니다. 앞서 소개한 달리, 미드저니, 레오나르도 AI뿐 아니라 어도비의 포토샵에도 이미지 생성형 AI가 등장하고 있습니다. AI가 미술의 영역까지 영향을 미치고 있는 것입니다.

최근 미국 미술전에서 1위를 차지한 작품이 생성형 AI가 그린 그림이었던 것으로 밝혀졌습니다. 출품작은 미드저니를 활용해 그린 것이며, 디지털 아트 부문에 출전하였다고 합니다. AI가 그렸다는 사실을 모르고 작품을 보았다면, 당연히 인간이 그렸을 것이라 예상될 정도였습니다. 해당 미술전을 계기로 'AI가 그린 작품도 예술로 인정해야 하는가', 'AI로 그린 그림

도 저작권을 인정할 수 있는가'에 대한 논쟁이 격렬해졌습니다.

현재 인공지능이 창작한 미술 작품에 대한 관심이 뜨겁습니다. 고흐, 렘브란트 등의 유명한 화가 화풍을 따라 하는 AI 예술가와, 새로운 스타일에 도전하는 AI도 등장했습니다. 조만간 우리는 생성형 AI가 그린 그림을 모아 개최한 미술전도 만날 수 있을 듯합니다.

외에도 음성 생성형 AI, 영상 생성형 AI도 존재하며 이들은 날이 갈수록 우리가 생각하는 속도보다 훨씬 빨리 발전하고 있습니다. 이러다 생성형 AI가 모든 미디어 산업을 점령하는 건 아닐까요?

사고뭉치: 생성형 AI가 만드는 문제와 AI리터러시

AI는 우리에게 편리함을 가져다주었습니다. 앞서 소개했듯 AI로 만든 콘텐츠들이 우리 일상에 자연스럽게 녹아들고 있는 것만 보아도 알 수 있지요. 하지만 AI가 생성한 정보가 언제나 공정하고 객관적인 것은 아닙니다. 많은 기업과 개인이 미디어를 통해 상업적, 정치적 이익을 추구하고 있고 AI가 학습한 콘텐츠들이 편향성과 오류를 지니고 있을 수 있기 때문입니다. 또한 AI는 딥페이크, 개인정보 유출, 허위 정보 생성, 저작권 침해 등의 문제도 일으킵니다. 따라서 우리는 AI가 무조건 좋은 것이라 생각하기보다는 AI에게도 문제가 발생할 수 있다는 사실을 염두에 두고 있어야 합니다. 다시 말해 AI와 AI가 만든 정보에 휘둘리지 않고, 주체적으로 사용하는 힘을 길러야 합니다. 그러면 이런 힘을 뭐라고 부를까요? 바로 AI 리터러시입니다.

AI 리터러시가 뭐야?

AI 리터러시는 디지털 리터러시의 하위 범주 중 하나입니다. 디지털 리터러시는 미디어 리터러시와 유사한 개념입니다. 어떤 학자는 미디어 리터러시 안에 디지털 리터러시가 있다고 하고, 어떤 학자는 디지털 리터러시 안에 미디어 리터러시가 있다고 주장하지요. 서로 자신의 것이라고 주장하는 만큼, 디지털 리터러시와 미디어 리터러시 사이에는 교집합이 있다고 볼 수 있습니다. 어디에 초점을 두느냐에 따라 다를 뿐이지요.

하지만 이런 논란 가운데에서도 가장 중요한 것은 AI가 현재 미디어 콘텐츠 생산에 커다란 영향을 미치고 있으며, 우리 모두가 AI 리터러시를 갖춰야 한다고 말한다는 점입니다. AI 리터러시는 미디어 리터러시보다도 최근에 등장했기 때문에 학자마다 조금씩 다르게 설명하고 있습니다. 그중 몇 가지 정의를 소개하겠습니다. 미국 국가인공지능자문위원회(NAIAC)

에서는 AI 리터러시를 'AI 툴(도구)뿐만 아니라 AI를 통한 결과물을 사용하고, 비판적으로 평가할 수 있는 역량'으로 정의하고 있습니다. 또한 롱(long)과 마제르코(magerko)의 연구에서는 AI 리터러시를 '개인이 인공지능 기술을 비판적으로 평가하고 사용할 수 있는 역량, 인공지능과 효과적으로 소통하고 협력하며 인공지능을 활용할 수 있는 능력'이라 정의했습니다.

이 외에도 학자마다 굉장히 다양한 정의가 있지만 공통적인 부분은 존재합니다. ① 인공지능과 소통·협력하며 잘 활용할 수 있고 ② 인공지능이 만든 결과물을 비판적으로 평가할 수 있다는 점입니다. 두 가지 중 하나만 잘한다고 해서 리터러시를 갖췄다고 표현할 수는 없습니다. 재원이는 AI를 사용하는 방법을 빠른 속도로 배워, 홍보 대본을 작성하는 데 사용하기는 했지만, 결과물을 비판적으로 평가하지는 못했습니다.

AI 리터러시를 갖추지 못한다면 어떤 일이 벌어질까요? 먼저 AI의 답변을 맹목적으로 믿게 될 것입니다. 인공지능이 제시하는 답변이 참인지 거짓인지 구분할 수 없기 때문이지요. 더불어 윤리적으로 옳은 결과물인지도 판단할 수 없습니다. 그렇게 된다면 누군가를 차별하는 내용의 결과물임에도 거부 없이 받아들이게 될 확률이 높습니다.

또한 AI를 적절하게 활용하지 못할 것입니다. AI 리터러시를 가진 사람은 어렵지 않게 결과물을 생성하는데, 그렇지 못한 사람은 아주 많은 시도를 거쳐서 결과물을 만들어 내거나 만족스럽지 못한 결과를 얻게 되겠지요.

현재 AI가 미디어 시장에 큰 영향을 끼치고 있는 만큼, 우리는 AI의 개념에 대해 이해하고, 올바르게 사용할 줄 알며, AI가 생산한 결과물을 비판적으로 평가할 수 있어야 합니다. AI 리터러시는 현시대에서 자율적인 인간이 되기 위해서 반드시 길러야 할 필수적인 능력입니다.

AI 리터러시를 갖추기 위해서는 우리가 무엇을, 어떻게 해야 할까요? 그냥 AI를 많이, 자주 사용하기만 하면 되는 걸까요? 그렇다면 이미 여러분 모두는 AI 리터러시 전문가였을 것입니다. 여러분이 속한 알파 세대는 다른 세대에 비해 디지털 미디어를 다루는 데 능숙한 편입니다. 하지만 AI를 활용하다 보면 다양한 문제를 맞닥뜨리게 되지요. 그때마다 어떻게 대처해야 할지 고민스럽기도 하고요. 무작정 AI를 많이 접하는 것만으로는 충분하지 않습니다. 우리 한 번 단계별로 차근차근 생각해 봅시다.

AI도 잘못을 한다고?

먼저, 우리는 AI가 제공하는 정보와 결과물을 비판적으로 읽는 방법을 알아야 합니다. 비판적으로 읽는다는 게 무슨 뜻일까요? 비판은 '현상이나 사물의 옳고 그름을 판단하여 밝히거나 잘못된 점을 지적'하는 것을 말합니다. 제대로 된 비판을 하기 위해서는 먼저 그 대상을 잘 알아야 합니다. 즉, 우리가 AI로부터 제공받는 정보와 결과물을 비판적으로 읽으려면 AI에 대해서 잘 알고 있는 상태여야겠지요. 특히, AI가 자주 일으키는 실수와 AI 결과물로 인해 발생하는 문제에 대해서 꼭 알고 있어야 합니다. AI를 이용할 때 주의할 점 몇 가지를 함께 살펴봅시다.

첫째, AI의 답변에는 틀린 정보가 있을 수 있습니다. 우리도 틀린 정보를 학습한다면 틀린 답을 대답하지요. AI 역시 마찬가지입니다. 많은 AI는 인터넷상의 데이터를 바탕으로 학습합니다. AI는 답변을 제공할 때 출처와

근거를 제시하는 방식으로 정확도를 높이지만, 인터넷에는 이미 많은 가짜 뉴스와 허위 정보가 존재합니다. 따라서 AI가 잘못된 지식을 학습했다면, 잘못된 답변을 제공할 수 있습니다.

둘째, AI의 답변에는 편견과 혐오가 반영되어 있을 수 있습니다. 인터넷의 정보를 학습한 인공지능은 인종차별과 성차별이 담긴 답변을 내놓을 수 있다는 연구가 발표되었습니다. 실제로 이 실험에서 활용된 인공지능은 여러 인종이 섞인 이미지 중에서 범죄자를 고르라고 했을 때, 흑인 남성의 이미지를 반복적으로 골랐다고 합니다. 또한 성별을 구분해 주는 AI는 사용자 이름이나 이메일 주소를 분석해 성별을 추측할 수 있다고 주장했지만 일주일 만에 서비스 종료되기도 했습니다. 해당 AI는 '과학자'라는 단어를 입력하면 남성일 확률은 95%, 여성일 확률은 5%라는 결과를 내놓았으며, '멍청한'이라는 단어를 입력하면 여성일 확률이 60%라고 대답했습니다. 심지어 여성의 이름으로 자주 사용되는 이름에 '박사'를 추가한 경우에는 남성이라고 판단하기도 했지요. 로봇은 언제나 중립적인 위치를 취할 것으로 생각하기 쉽지만, 학습된 데이터가 편파적이라면 누군가를 차별하는 답변이 나올 수 있습니다.

셋째, AI는 그럴듯한 거짓말을 진실처럼 대답할 수 있습니다. '환각 현상'이라 부르지요. 실제로는 없거나 사실이 아닌 정보를 사실처럼 말하는 현상을 뜻합니다. 혹은 '자기의 공상을 실제 일처럼 말하면서 자신조차 그것이 허위라는 것을 인식하지 못하는 증상'이라는 뜻의 '작화증'이라고 부르기도 합니다.

챗GPT는 사용자의 질문 속에서 중요한 단어를 골라 관련도가 높은 단어를 연결하는 방법으로 대답합니다. 이때 답변의 진실 여부보다는 자연스러움에 집중하는 경향이 있기 때문에 진실이 아닌 답변이 나올 수 있습니다. 한때 인터넷에서 유명했던 챗GPT의 환각 현상을 소개하겠습니다. '조선왕조실록에 기록된 세종대왕의 맥북 던짐 사건에 대해 알려줘'라는 질문에 자연스럽게 답변했던 사건이지요. 조선 시대에는 애플의 맥북이 존재할 수가 없는데도 실제 있는 일인 것마냥 대답을 만들어냈습니다. 이러한 오류는 일상생활 수준의 질문에서는 문제가 생기지 않겠지만 의료, 법률 등 전문적인 분야로 갈수록 심각한 문제가 발생할 수 있습니다.

넷째, 표절, 저작권 문제가 발생할 수 있습니다. 생성형 AI는 인간이 만든 데이터를 학습해 새로운 결과물을 만드는 인공지능이죠. 그런데 AI가 만든 결과물은 인간이 만든 것과 구분이 어렵습니다. 장점이면서도 동시에 표절, 사기, 저작권 등의 문제를 일으킬 수 있다는 점에서 단점으로 작용할 가능성도 있습니다.

챗GPT를 활용했다는 사실을 밝히지 않고 대학 과제물을 제출하는 경우는 심심찮게 들려옵니다. 이야기 속의 재원이가 챗GPT의 답변을 그대로 베껴온 것도 일종의 표절 문제라고 볼 수 있습니다.

사용자가 일으키는 표절 문제 외에도 기업에서 생성형 AI에게 학습 데이터를 제공하는 과정에서 또한 저작권 문제가 불거지고 있습니다. 일부 생성형 AI가 저작권이 만료되지 않은 작가의 이미지 등을 무단 학습했다는 기사가 나오기도 했습니다. 인공지능이 학습한 데이터의 출처가 정확하게 밝혀지지 않는다는 부분에서 발생할 수 있는 문제였지요. 아직 AI가 생성한 결과물에 대한 저작권 법이 확실하게 정해진 것이 없다는 점에서 발생하는 뜨거운 논쟁거리입니다.

지금까지 AI가 일으킬 수 있는 문제에 대해 알아보았습니다. 해당 사실들을 기억한 채, AI를 비판적으로 읽는 방법에 대해 알아봅시다.

AI를 비판적으로 읽어 보자

AI를 비판적으로 읽는 방법은 2교시에서 설명한 가짜 뉴스를 읽을 때의 태도를 떠올리면 됩니다. 아래의 글은 AI의 환각 현상을 이용하여 만든 허위 정보입니다. 제가 AI에게 한 질문은 '축구 선수 홍길동이 내한했을 때 발생했던 곱창 사건에 대해 알려줘'입니다. 홍길동은 제가 세계적인 축구 선수 이름을 임의로 바꿨음을 미리 말씀드립니다.

(충격) 친선경기 노쇼, 홍길동의 '곱창 파티'

세계적인 축구 선수 홍길동의 '곱창 사건'은 2019년에 '곱창'과 관련된 사건입니다. 당시 K리그와 친선 경기를 앞둔 홍길동은 갑자기 노쇼를 선언했습니다. 홍길동의 출전을 기대하고 티켓을 구매한 고객들은 크게 낙담하였으나, 부상으로 인해 경기에 출전하지 못했다는 소식을 듣고 응원의 메세지를 보내기도 했습니다. 하지만 홍길동이 참여한 파티 사진이 공개되며 논란이 불거졌습니다. 브라질 전통 음식인 '곱창'을 즐기고 있었고, 이 파티는 경기가 있던 주말에 열렸습니다. 홍길동은 고질적인 지병 문제였다고 해명했지만 친선 경기를 주최한 주최사는 홍길동을 사기죄로 고발하기도 했습니다.

아래는 관련 기사를 실은 몇 가지 매체입니다:
ESPN (https://www.espn.com/111111)
BBC Sport (https://www.bbc.com/sport/111111)
PSG Talk (https://psgtalk.com/111111)

여러분은 챗GPT의 답변을 읽고 이상한 부분을 찾았나요? 곱창이 브라질의 전통 음식이라니. 여러분은 바로 알아차렸을 것입니다. 해당 예시는 오류를 잡아내기 쉬운 유형이었으나, AI의 답변이 정교화될수록 알아차리기 힘든 오류가 늘어날 수 있지요. 왜냐하면 실제로 있는 신문사들의 링크를 근거 자료로 남겨두었기 때문입니다. 물론 해당 링크를 클릭해 보면 위에 기사와 전혀 관련 없는 기사가 나온다는 것도 확인할 수 있었습니다. 하지만 기사의 제목만 보거나 링크까지 클릭해 보지 않으면 잘못된 정보를 진실처럼 인식할 수도 있습니다.

이런 가짜 뉴스, 혹은 허위 정보에 속지 않기 위해서는 첫째, 근거의 출처와 작성자를 확인해야 합니다. 다시 말해 AI가 제시한 출처와 작성자가 실제로 있는 사람인지 확인합니다. 이때 실제 인물을 제시한다고 해서 바로 믿으면 안 됩니다. 이 사람이 정말 그 주장을 했는지도 확인해야 합니다.

둘째, 다른 사람의 주장에 관해서도 확인해 보아야 합니다. 인터넷 검색, 책, 다큐멘터리 등의 매체를 통해 다른 사람의 주장을 교차 점검할 수 있습니다. 특히 최신 자료에 대한 질문일수록 잘못된 답변이 나오기 쉬우므로 항상 점검해야 합니다.

비판적으로 읽는 기본적인 태도만 갖추고 있다면, 여러분은 생성형 AI가 만든 정보들 사이에서 진짜와 가짜를 구별해낼 수 있을 것입니다.

도우미: 생성형 AI와 함께 고민해 보자

생성형 AI를 이용해 미디어 콘텐츠를 생산해 보자

사고뭉치 AI의 문제를 파악했으니, 생성형 AI를 이용해 미디어 콘텐츠도 만들어 보아야겠지요? 혹시 벌써부터 두렵나요? '구더기 무서워 장 못 담근다'라는 속담 알고 있지요? 무섭다고 피할 수는 없습니다. AI는 잘 쓰기만 한다면 생산성과 효율성을 높여주는 데 큰 도움이 됩니다.

디지털 네이티브로 불리는 여러분, 즉 알파 세대는 특히 이 시대의 도구를 이용해 창조하고자 하는 주체성이 강한 세대입니다. 소비자로서만 존재하는 것이 아니라 생산자로서도 존재하고 싶어 하지요. 따라서 지금 디지털 미디어 시대를 살아가고 있는 우리에게는 디지털 미디어상의 정보를 올바르게 수용하는 능력뿐만 아니라 창의적으로 정보와 콘텐츠를 만드는 생산 능력도 요구되고 있는 상황입니다. 여러분도 충분히 미디어 콘텐츠를 생산하는 주체가 될 수 있습니다. 이렇게 미디어를 소비하면서 동시에 생산하는 존재를 '생비자(prosumer)'라고 부릅니다. AI의 도움을 받는다면 더 효율적이고 창의적인 결과도 내놓을 수 있겠지요.

실제로 한 교수님은 책을 집필할 때, 목차 집필에는 AI의 도움을 받았다고 합니다. AI의 도움을 받지 않은 상태에서 쓴 목차와, AI가 써준 목차를 비교해 본 뒤, 괜찮은 내용을 추가하셨다고 하죠.

이렇듯 생성형 AI는 잘 쓰기만 한다면 무궁무진한 도움을 얻을 수 있습니다. 사고뭉치 AI가 도우미 역할을 할 수 있도록 함께 고민해 봅시다.

AI를 올바르게 사용하는 방법은?

먼저 AI를 올바르게 사용하는 방법을 알아봅시다.

첫째, 생성형 AI를 사용할 때는 부모님, 선생님 등 어른의 도움을 받아야 합니다. 사용법을 알면 그냥 혼자 사용해도 될 것 같나요? 생성형 AI의 대표주자인 챗GPT는 만 13세 미만은 보호자의 동의와 감독이 있을 때만 사용할 수 있습니다. 챗GPT를 제외한 다른 생성형 AI도 마찬가지입니다. 단순히 어리다고 해서 금지하는 건 아니에요. 우리 친구들을 여러 위험으로부터 보호하기 위한 이유입니다. 여러분은 어른, 책 등의 도움을 받아 차근차근 이용 방법을 익히길 바랍니다.

둘째, AI는 보조 도구로만 사용해야 합니다. AI가 일으킬 수 있는 문제는 이미 언급했지요. AI로 생성한 콘텐츠의 답변을 그대로 베끼거나 몇 단어만 바꿔서 제출하는 행위는 표절입니다. 특히 개인의 창작물을 제출하여 평가하는 공모전, 대회, 심사 등에서는 AI 사용 시 부정행위 처리될 수 있습니다. 또한 AI의 도움을 받은 부분도 내가 재구성해야 하며, AI를 활용한 부분에 반드시 인용, 출처 표시를 해야 하죠.

셋째, AI를 사용할 때 우리들의 정보도 AI에게 제공된다는 사실을 알고 있어야 합니다. 또한 생성형 AI에게 알려준 개인 정보와 기밀 사항이 유출될 수도 있다는 걸 유의해야 하지요. 따라서 AI를 사용할 때 자신의 개인정보가 담긴 내용이나 기밀 사항은 언급하지 않도록 꼭 조심하세요.

AI에게 효과적으로 질문하는 방법은?

양질의 결과를 얻기 위해서는 AI에게 효과적으로 질문, 명령하는 방법을 알아야 합니다. 예를 들어, 우리가 초등학교 1학년 학생을 맞이하는 교사라고 상상해 봅시다. 학교에 처음 등교한 학생에게 '1교시 수업 준비를 하세요'라고 말하면 바로 준비할 수 있을까요? 그렇지 않습니다. 아마 누군가는 신발을 신고 교실에 들어올 거고, 누군가는 남의 책상에 앉아 있을 것입니다. 1학년 학생에게는 단계별로 설명해 주어야 합니다.

① 교실 밖에서 실내화로 갈아 신고 신발장의 자기 번호에 신발을 놓는다.

② 자기 이름이 적힌 책상에 앉는다. 가방은 자기 책상 옆에 걸어 놓는다.

③ 칠판에 적힌 시간표를 확인하고 1교시 과목의 교과서와 필통을 꺼낸다.

너무 세세한 지시라고 생각하나요? 하지만 자세히 설명할수록 좋은 결과를 내놓습니다. 우리는 생성형 AI에게도 원하는 바를 정확하게 이야기해야 합니다. 즉, 생성형 AI를 효과적으로 활용하기 위해서는 제대로 된 질문, 명령을 작성해야 한다는 뜻이죠. 이렇게 AI에게 밀도 높은 답변을 얻어낼 수 있도록 질문, 명령하는 방법을 '프롬프트 엔지니어링'이라고 합니다. 프롬프트는 AI에게 결과를 얻어내기 위해 입력하는 텍스트입니다. 낯선 용어 같지만, 지금까지 우리가 내린 명령이 모두 프롬프트입니다. '방송부 홍보 대본을 써 줘', '신발장에 신발을 넣어' 등이 모두 프롬프트지요. 프롬프트를 어떻게 입력했느냐에 따라 결과물은 천차만별 달라집니다. 명령을 잘 내리는 것이 중요해지다 보니, 자기가 만든 프롬프트를 사고파는 시장도 생겨났습니다. 좋은 결과를 내기 위해서는 좋은 질문을 해야 한다는 것을 사람들도 다 알게 된 것이지요. AI에게 어떻게 질문해야 할지 조금 더 자세히 알아봅시다.

첫째, 자세하고 명확한 질문을 합니다. 예를 들면 단순히 '방송부 홍보에 대해 알려줘'라는 질문은 답변할 수 있는 범위가 굉장히 넓어서 각각의 항목에 대해 짧게 답변할 수밖에 없습니다. AI에게는 특정한 주제를 설정해 질문해 주는 것이 좋습니다. 예를 들면, '방송부의 홍보 포스터를 작성할 때 사용할 적절한 문장을 알려줘', '방송부 홍보 대본에 꼭 들어가야 할 3가지 내용을 알려줘'라는 질문이 더 자세하고 정확한 답변을 줍니다. 이미지 생성형 AI도 같은 방법을 적용합니다. 단순히 '고양이를 그려줘'보다는 '파란 방석에 앉아 있는 흰색 고양이를 그려줘', '높은 담벼락 위에 올라간 검은색 고양이가 아이를 내려다보고 있는 그림을 그려줘.'가 더 좋은 결과물을 얻어낼 수 있습니다.

둘째, 배경 정보를 제공합니다. 재원이는 방송부를 홍보하는 대본을 쓰기 위해 챗GPT를 사용했습니다. 이때, AI에게 추가로 제공할 수 있는 배경 정보는 여러 가지가 있습니다. 초등학생이 대상이며, 라디오용 대본이고, 특색 활동이 있음을 말해줄 수 있습니다. 이걸로 끝이 아닙니다. 몇 분짜리 분량의 대본인지, 오디션 날짜는 언제인지 등 제공할 수 있는 정보는 무궁무진합니다. 배경 정보를 많이 제공할수록 AI가 상황에 맞는 적절한 대답을 제공할 확률이 높습니다.

표 10. 그림 출처: Stable Diffusion

셋째, 예시를 제공합니다. 우리가 공부할 때도 예시가 있다면 쉽게 이해하죠. AI도 마찬가지입니다. 원하는 형태가 있다면 그 형태를 그대로 제시하는 것도 괜찮은 방법입니다. '문장은 '-요'의 형태로 끝나야 해', '전주 1박 2일간의 여행 루트'라고 질문하면 '대답: 1일 차 (…) 2일 차 (…) 형식을 사용해서 대답해'라고 한다면 처음부터 원하는 형식의 답변을 얻을 수 있습니다.

> 전주로 가는 1박 2일 여행 일정을 표 형태로 제시해 줘.
> 표에 들어갈 예시는 시간-장소-예상 비용이야.

전주로 가는 1박 2일 여행 일정을 시간, 장소, 예상 비용으로 정리했습니다.

1일차

시간	장소	예상 비용
09:00 – 11:00	전주 한옥마을	무료
11:00 – 12:00	전주 전동성당	무료
12:00 – 13:00	점심(비빔밥)	10,000원
13:00 – 14:00	경기전	3,000원
14:00 – 14:30	오목대	무료
14:30 – 16:00	자만벽화마을	무료
16:00 – 18:00	덕진공원	무료
18:00 – 19:00	저녁(전주 한정식)	20,000원
19:00 – 21:00	남부시장 야시장	10,000원
21:00 –	숙소 체크인	50,000원

위의 과정을 통해 우리는 AI의 도움을 받아 새로운 콘텐츠를 만들어 낼 수

있습니다.

어떤가요? 바로 생성형 AI를 활용해 보고 싶은가요? 어떤 친구는 바로 자신의 부족한 부분을 생성형 AI의 도움을 받아 채울 수 있을 것이라는 기대가 들 것이고. 어떤 친구는 내가 무엇을 물어볼지조차 가늠하기 힘들어 막막하다고 생각할 수도 있겠지요. 지금은 '좋은 질문'의 중요성이 높아지고 있는 시대입니다. 좋은 질문은 메타인지 능력, 즉 나의 한계가 어디인지 잘 알고 있는 능력을 갖춘 상태에서만 가능합니다. 내가 아는 것이 무엇이고, 모르는 게 무엇인지 구분할 수 있어야 하지요. 이야기 속의 선우는 자신의 홍보 포스터에 부족한 것이 어느 부분인지 파악하고 있었기 때문에 AI에게 적절한 질문을 할 수 있었습니다.

여러분은 생성형 AI를 활용할 때, 재원이처럼 'AI가 다 도와줄 거야'라고 생각하고 활용하기보다는, 선우처럼 '내가 만든 콘텐츠에 부족한 부분이 무엇일까?' '내가 만들 콘텐츠에서 필요한 부분이 무엇일까?'라는 고민을 한 뒤에 AI를 활용했으면 좋겠습니다. 이는 생성형 AI를 사용할 때 항상 잊지 말아야 할 점입니다. 우리는 자신이 AI를 사용하는 의도를 확실하게 이해해야 합니다. 또한 AI 활용이 문제 해결을 위한 방향으로 가는지 계속 체크해야 합니다. 마지막으로 결과물을 비판적으로 읽기도 해야 하고요.

물론 처음부터 질문을 잘하기란 쉽지 않습니다. 그래도 자신에게 필요한 게 무엇인지 충분히 고민해 보고 좋은 질문을 하도록 노력해 보시기 바랍니다. 지금까지 여러분이 배운 것을 적용할 수만 있다면, AI 리터러시를 갖추는 첫걸음을 제대로 뗐다고 볼 수 있습니다. AI 리터러시에 관심을 두고 이 책을 찾아서 읽는 학생이라면 자질은 충분하다고 생각합니다.

덧붙이며: 개인과 사회의 역할

우리는 개인이 AI 리터러시를 갖추려 노력하는 동시에, AI의 올바른 활용을 위해 국가와 기업도 노력해야 한다는 점을 의식하고 있어야 합니다. 개개인이 미디어 리터러시, AI 리터러시를 갖춘다고 해도 국가와 기업이 노력하지 않으면 AI로 인해 발생하는 문제가 모두 해결되진 않으니까요.

물론 이런 문제들을 국가와 기업이 손 놓고 보고 있지는 않습니다. 국가에서는 첫째, 법률을 만들기 위해 노력합니다. 아직 AI 윤리 문제에 대한 법률이 없지만, 앞으로는 언제든지 법률이 제정될 수 있습니다. 둘째, 학교에서 교육하기 위해 노력합니다. 생성형 AI의 위험성과 효율성에 대해 교육하고 올바르게 사용하는 방법을 가르치려 합니다. 현재 여러분이 공부하게 되는 2022 개정 교육과정도 소프트웨어(SW)와 AI에 대한 내용을 포함하고 있습니다.

또한 기업에서는 첫째, 답변에 대한 검증 기술을 개발하고 있습니다. 답변을 제공하기 전에 다른 데이터와 비교하는 기술을 개발 중입니다. 둘째, 사람의 검증을 확대하고 있습니다. 구글과 오픈AI에서는 소프트웨어 보안팀을 통해 AI에게 틀린 답을 유도하고 수정하는 작업을 하고 있습니다. 셋째, 끊임없이 자료를 업데이트하고 있습니다. 우리가 공부하는 교과서도 항상 최신 자료로 업데이트되듯이, AI도 마찬가지로 최근 데이터로 공부하고, 공부가 끝날 때마다 새로운 버전으로 업데이트됩니다.

이처럼 개인뿐 아니라 국가와 기업까지도 AI 리터러시에 대한 책임을 공유하고 협력하고 있습니다. 이를 통해 AI와, AI가 생성한 미디어 콘텐츠가 사회에 긍정적인 영향을 미칠 수 있기를 바랍니다.

미디어가 발전하면서, 미디어를 통해 전달되는 정보, 콘텐츠 역시 계속 발전해 왔습니다. 우리는 미디어와 콘텐츠를 소비하면서 동시에 생산하는 주체라는 것을 잊지 말아야 합니다. 우리는 AI의 발전이라는 시대적 흐름을 벗어날 수 없습니다. 흐름 속에서 어떻게 하면 똑똑하게 흐름을 타고 갈 수 있을지 고민하는 모습을 언제나 잃지 않길 바랍니다.

👍 추천합니다!

『김대식 교수의 어린이를 위한 인공지능』

_김대식, 이현서

인공지능의 기초부터 설명해 줍니다. 인공지능 용어가 많이 어렵지요? 어린이의 눈높이에 맞게 쉽게 풀어놓았습니다. 챗GPT, 메타버스 등 인공지능의 기초부터 심화까지 차근차근 단계를 밟아 나가고 싶다면 읽어 보세요.

『Y공대생이 알려주는 어린이 챗GPT 공부법』

_정채원, 신정아

챗GPT를 교과목 공부에 활용할 수 있는 방법을 알려주는 책입니다. 챗GPT의 올바른 사용 방법부터, 효과적인 팁을 예시와 함께 제공합니다. 챗GPT를 국어, 수학, 과학 등 교과목 공부에 활용하고 싶다면, 이 책을 옆에 두고 차근차근 따라 해 보기를 추천합니다.

별스타는 너무 무서워

☆ 1

"선우야, 주말에 나 별스타 올릴 영상 찍는 거 도와줄 수 있어?"

2교시 후 쉬는 시간, 민이가 다가와 선우에게 말을 걸었다. 우리 학교 슈퍼
인싸 민이가 계속 말을 거는데도 왜인지 선우는 불편해 보이기만 했다.

"아니, 나 주말에 일이 있어서….".
"지난 주에도 바쁘다더니 이번 주에도? 흐음, 알겠어. 어쩔 수 없지. 너 무슨
일 있는 건 아니지?"
"아니야, 그냥 진짜 바빠서 그래."

민이는 그런 선우의 모습이 너무 이상했다. 평소 선우는 먼저 다가오진 않
아도, 같이 놀자고 하거나 말을 걸면 곧잘 받아주던 친구였다. 그런데 요
새는 민이가 아무리 말을 걸고 만나자고 약속을 잡아도, 머뭇거리고 고민

하다 거절하기 일쑤였다. '내가 아는 선우가 아닌데… 선우가 왜 저러나' 하며 궁금해하던 것도 잠시, 민이는 선우를 두고 하율이와 수다를 떨기 시작했다.

"요즘 선우 불러도 나오지도 않고, 같이 뭐 먹으러 가지도 않고 왜 저런담?"
"그치, 하율이 네가 봐도 좀 그렇지!?"
"몰라, 영상은 다른 애한테 찍어달라고 해야지 뭐."
"야 근데 요즘 미디중학교 언니오빠들 이야기 들었어?"
"미디중?"

민이와 하율이가 미디중학교 이야기를 하자 선우가 갑자기 스윽 자리에서 일어나 교실을 나가버렸다.

어쩐지 안색이 좋지 않은 선우의 모습에 민이는 뭔가 이상하다는 생각이 들었다.

평소엔 선우가 별스타 영상 찍는 거나, 별스타 맛집 놀러가기를 거절한 적이 없기도 했고, 친구들이 이야기하고 있으면 조용히 듣고 맞장구를 치며 곧잘 이야기했기 때문이다.

"야 민아. 이거 봤어?"

눈을 가늘게 뜨고 고개를 갸우뚱거리는 민이에게 하율이가 휴대전화 화면을 보여줬다.

Midi_1111
미디중학교

♡ 24 ◯ 5 ▽   🔖

Midi_1111 ㅇㅅㅇ 남들 빵먹방 영상 볼 시간에
빨리 내꺼 결제부터 좀

댓글 모두 보기
ㅇ일전

― 댓글 ―

Midi_a***** ㅇ일전
ㅋㅋㅋㅋㅋㅋㅋㅋㅋㅋㅋㅋㅋㅋㅋㅇㅅㅇ한테 빵 골라
서 배달시키라 하자.

Midi_b***** ㅇ일전
남들 먹는거 많이 봤으니 맛있는거 알아서 잘 고를
듯 ㅇㅇ

Midi_c***** ㅇ일전
근데 저번에 좀 시켰잖아. 걸리면 어캄

Midi_b***** ㅇ일전
알아서 숨기라 해야지 ㅋㅋ

Midi_1111
미디중학교

♡ 22　💬 3　✈

Midi_1111 ㅇㅅㅇ 엄빠 카드번호 겟

댓글 모두 보기
ㅇ일전

댓글

Midi_a*****　ㅇ일전
ㅋㅋㅋㅋㅋㅋㅋㅋㅋㅋㅋㅋㅋㅋㅋ그걸 해버리네

Midi_c*****　ㅇ일전
적당히해 들킨다

Midi_b*****　ㅇ일전
ㅇㅅㅇ가 잘 커버쳐주겠지

Midi_1111
우리집

♡ 30 ◯ 3 ▽   ▯

Midi_1111 ㅇㅅㅇ 집에서 이럴듯

댓글 모두 보기
ㅇ일전

———
댓글

Midi_a***** ㅇ일전
ㅋㅋㅋㅋㅋㅋㅋㅋㅋㅋㅋㅋ헐 니가 만든거?

Midi_b***** ㅇ일전
^^ 백퍼 이럴걸

Midi_a***** ㅇ일전
금손이넼ㅋㅋㅋㅋㅋㅋ

"뭐야 이거? 미디중 언니네. 내용이 좀 이상한데…."

"그치 근데 여기 사진 잘 봐봐 민아."

"어? 얘 선우 같은데…."

민이는 하율이가 보여 준 별스타 게시글이 요즘 선우의 행동과 관련 있다는 생각이 들었다. 별스타 사진 속 아이가 확실하지는 않지만 선우 같아 보이고, 댓글에 등장하는 'ㅇㅅㅇ'가 선우 이름의 초성이었기 때문이다. 민이는 하율이의 휴대전화를 들고 곧장 선우를 쫓아가 물었다.

"야 선우야. 이거 혹시 너야…?"

선우는 화들짝 놀라더니 "무슨 소리야, 나 아니잖아. 왜 그래." 하고는 그날 하루 종일 민이를 피해 다녔다. 민이는 쉬는 시간마다 선우 자리를 확인했다. 하지만 선우는 어느새 화장실로 가버렸는지, 자리는 매번 비어 있었다. 심지어 하교 시간에는 민이가 부르는 것을 못 들은 체하며 가버리기까지 했다. 결국 민이는 선우에게 별스타 게시글과 관련해서 더 물어보는 것을 포기했다. '뭐, 본인이 아니라는데 내가 굳이 끼어들어야 하나.

⭐ 2

며칠 뒤 민이는 평소처럼 등교하였다. 민이는 드르륵 교실 문을 열었다. 아이들이 웅성웅성, 교실 분위기가 달랐다. 평소의 시끌시끌함과는 다른 어수선함이 느껴졌다. 수군대는 아이들의 이야기를 슬쩍 들어보니 어제 선우네 부모님이 학교로 찾아오셨다는 내용이었다. 민이는 갑자기 불안해졌다. 최근 자주 들려오던 미디중학교 이야기와 자신을 피하는 선우의 모습이 떠올랐기 때문이다.

"하율아, 지금 애들 하는 이야기 무슨 말이야? 너 들은 거 있어?"
"아 그게…."

하율이의 이야기를 들은 민이는 깜짝 놀랐다.

지난번 하율이가 보여 준 별스타 사진 속 아이가 선우가 맞았고, 선우는 그동안 미디중 학생들에게 '사이버 학교폭력'을 당하고 있었다는 거였다.

> "그동안 배달 음식 시켜서 선우가 대신 계산하게 하고 그랬대. 근데 우리가 그럴 돈이 어딨겠어. 막 메시지 보내서 선우 부모님 카드 쓰게 하고, 카드 비밀번호 알아 오라 그러고 돈 보내라고 그러고… 안 된다니까 별스타에 저격 글 막 올리고… 근데 이번에는 선우네 엄마 명품 지갑 팔아서 그 돈도 가져 갔다나 봐. 그래서 부모님이 오신 거래. 들킨 거지."

정말 충격적인 일이었다. 뉴스에 나오면 남의 일이라고만 생각했던 사이버폭력을 같은 반 친구가 당하다니. 요새 선우의 뭔가 이상했던 모습이 이제야 이해되는 기분이었다.

> "와… 진짜 별일을 다 했다. 그럼 그동안 같이 뭐 먹으러 못 가고 그런 게 그래서였던 거야?"

민이가 놀라며 하율이의 이야기를 듣고 있자 조용히 있던 지민이가 다가왔다.

> "선우 없는데 선우 이야기하는 거…. 그만하면 안 될까?"
> "아, 알겠어… 와, 근데 진짜 무섭다…. 별스타 글도 그냥 볼 게 아니네."
> "우리한테도 이런 일 일어나면 어떡해… 학교를 안 나와도 계속 당할 수도 있는 거잖아."
> "선우가 괜찮았으면 좋겠는데…."

민이와 하율이 뿐만 아니라 모든 아이들이 하게 된 걱정이었다.

별스타를 통해 학교 밖에서 집 안까지 이어진 괴롭힘. 평소 편하게만 쓰던 인터넷과 SNS가 갑자기 낯설게 느껴지는 아이들이었다.

친구들은 이런 일을 어떻게 예방할 수 있을지, 예방하려면 뭐가 필요할지 고민하며 아직 등교하지 않은 선우의 자리를 바라보았다.

'선우가 불안해 보이긴 했는데, 더 물어보고 알아주어야 했나…'

어렴풋이나마 다른 친구들보다 먼저 선우에게 문제가 생겼다는 걸 눈치 챘던 민이는 마음 한구석에 큰 돌이 얹힌 듯, 더 답답해졌다. 그때, 교실 뒷 문이 스르륵 열리며 선우가 들어왔다. 순간 교실은 조용해졌다. 선우의 눈 치를 보는 아이들과 그런 아이들을 살피는 선우. 얼어붙은 듯한 분위기가 싫어진 민이는 선우의 손을 잡아끌어 자리에 앉혔다.

"얼른 앉아. 와 그 중학생들 진짜 제정신이야? 내가 너한테 제대로 물어보고 같이 뭐라 해줬어야 하는데. 아오!!"

아무렇지 않다는 듯 선우 옆에 앉아 성을 내는 민이의 모습에 다른 친구들 도 다가와 한 마디씩 건네기 시작했다.

"맞아, 중학생씩이나 돼서 그게 뭐 하는 짓이래?"

"야야, 별스타에 댓글 달아. 그거 내리라고."

처음엔 놀란 듯하던 선우도 이내 아이들의 말에 한 두 마디씩 대답하며 분 위기에 녹아드는 듯했다. 민이는 선우의 손을 꽉 잡고 속닥속닥 말했다.

"내가 그때 몰아붙여서 미안. 무슨 일이 있는 거 같긴 했는데 이 정도일 줄 몰랐어. 앞으론 너가 부담 안 되게 물어보고 내가 도와줄 수 있는 게 있으면 도와줄게.”

평소 유쾌하고 가볍게 보이던 민이가 듬직해 보이는 순간이었다. 이내 선우도 고개를 끄덕이며 민이의 손을 마주 잡았다.

SNS와 휴대전화 앱에 침투한 사이버 폭력

선우는 어른과 친구들 모르게 사이버 폭력에 노출되어 있었습니다. 선우가 괴롭힘당하는 모습이 SNS를 통해 공공연히 게시되어 있었지만 친구들은 그 사실을 잘 알지 못했죠. 선우를 괴롭히던 중학생들은 선우 부모님의 카드 번호를 알아 오게 시키거나, 선우가 시키지도 않은 배달 음식값을 결제하게 하고 심지어 중고 거래 사이트를 통해 선우 부모님 물건을 멋대로 팔아 그 돈을 챙기기까지 했습니다. 인터넷에서 발생할 수 있는 두 가지 문제 '사이버 갈취'와 '대리결제', 그리고 이로 인한 심각한 사이버 (학교) 폭력, 어떻게 해결할 수 있을까요?

사이버 폭력이란?

사이버 폭력이란 인터넷 공간에서 다른 사람을 괴롭히는 행위를 말합니다. 다양한 폭력의 유형 중에서 '사이버 공간'에서 발생하는 모든 유형의 폭력을 의미합니다. 온라인 환경에서의 폭력이기 때문에 문자(텍스트), 이미지, 영상, 음향 등을 매개로 폭력 행위가 이루어집니다.

방송통신위원회의 정의에 따르면 사이버 폭력이란 '사이버 공간'에서 다른 사람에게 언어적·시각적·정신적인 피해나 불쾌감을 주는 행위를 의미합니다. 방송통신위원회는 사이버 폭력을 8가지 유형(사이버 언어 폭력/사이버 명예훼손/사이버 스토킹/사이버 성폭력/신상 정보 유출/사이버 따돌림/사이버 강요/사이버 갈취)으로 구분하고 있습니다.

여러분도 알다시피 사이버 폭력은 심각한 문제가 됩니다.

첫째, 피해자에게 큰 상처가 될 수 있습니다. 실제로 사이버폭력 피해를 겪은 청소년의 31.5%는 가해자에게 복수하고 싶은 감정을 느끼고, 16.3%는 우울과 불안, 심한 스트레스를 겪었다고 합니다. 11.3%는 공부를 하고 싶지 않고 학교에도 가기 싫어졌다고 하니 그 피해가 얼마나 심각한지 알 수 있지요. 계속해서 사이버 폭력을 당하면, 우울증이나 대인 기피 등 정신적인 문제가 생길 수도 있습니다.

둘째, 사이버 폭력은 아주 빠르게 멀리 퍼질 수 있습니다. 한 번 인터넷에 올려진 내용은 금방 많은 사람에게 퍼져나갑니다. 수많은 댓글이 달리고, 그 게시물을 본 사람들이 SNS 채팅방을 통해 여기저기 전달하기도 한답니다. 그렇게 한 번 업로드된 사진이나 영상 등의 내용은 완전히 삭제하기가 매우 어렵습니다. 그래서 피해자는 긴 시간 동안 고통을 겪게 됩니다.

셋째, 보이지 않기 때문에 더 위험합니다. 누가 하는지 알기 어렵기 때문에, 피해자가 도움을 받기 어려울 수 있습니다. 실제로 조사한 결과, 사이버 폭력 피해 경험 청소년이 꼽은 1순위의 가해자는 '전혀 모르는 사람(43.5%)'이었습니다. 전혀 모르는 사람이 저지른 일이기 때문에 상대방이 성인인지 학생인지, 몇 명인지조차도 알 수가 없습니다. 특히, 온라인에서

1. 주요 용어 정의

1) 사이버폭력

● 사이버폭력 정의

사이버(인터넷, 스마트폰 등) 공간에서 언어, 문자, 영상 등을 통해 타인에게 피해 혹은 불안감, 불쾌감 등을 주는 행위로, 사이버 언어폭력, 명예훼손, 스토킹, 성폭력, 신상정보 유출, 따돌림, 갈취, 강요 등이 있음

● 사이버폭력 유형

✓ 사이버 언어폭력

- 인터넷, 스마트폰 문자 서비스 등을 통해 욕설, 거친 언어, 인신 공격적 발언 등을 하는 행위

✓ 사이버 명예훼손

- 사실 여부와 상관없이 다른 사람/기관의 명예를 훼손하는 글을 인터넷, SNS 등에 올려 아무나 (불특정 다수) 볼 수 있게 하는 행위

✓ 사이버 스토킹

- 특정인이 원치 않음에도 반복적으로 공포감, 불안감을 유발하는 이메일이나 문자(쪽지)를 보내거나, 블로그, SNS 등에 방문하여 댓글 등의 흔적을 남기는 행위

✓ 사이버 성폭력

- 특정인을 대상으로 성적인 묘사 혹은 성적 비하 발언, 성차별적 욕설 등 성적 불쾌감을 느낄 수 있는 내용을 인터넷이나 스마트폰을 통해 게시하거나 음란한 동영상, 사진을 퍼뜨리는 행위

✓ 신상정보 유출

- 개인의 사생활, 비밀 등을 인터넷, SNS 등에 언급 또는 게재하거나 신상정보(이름, 거주지, 재학 중인 학교 등)를 유포하는 행위

✓ 사이버 따돌림

- 인터넷 대화방이나 스마트폰, 카카오톡 등에서 상대방을 따돌리는 행위

✓ 사이버 갈취

- 인터넷에서 나의 사이버(게임) 머니, 스마트폰 데이터 등을 빼앗는 행위

✓ 사이버 강요

- 인터넷에서 다른 사람에게 그 사람이 원치 않는 말/행동을 하도록 강요하거나 심부름을 시키는 행위

▲사이버폭력의 정의와 유형
출처: 방송통신위원회

는 가짜 이름을 쓰는 등 익명으로 활동하는 경우가 많기 때문에 더욱 가해자를 알기 어렵습니다. 이런 경우엔 내가 피해를 보고도 상대에게 어떤 대처를 하거나, 주위에 알리고 도움을 받기가 매우 어렵답니다. 그래서 사이버 폭력이 일어나도 그 사실을 피해자 주변의 누구도 알지 못하는 경우가 매우 많습니다.

사이버 갈취란?

여러 사이버 폭력 중에서 민이가 겪은 '사이버 갈취'에 대해 알아봅시다. 사이버 갈취는 인터넷을 이용해서 다른 사람을 협박하거나 위협을 가하여 금품을 빼앗는 행위를 일컫습니다. 예를 들어 다른 사람의 사진이나 동영상을 찍어서 "돈을 주지 않으면 인터넷에 올리겠다"고 협박하는 것이 바로 '사이버 갈취'입니다.

실제로 최근에는 '인터넷 채팅 등을 통해 알게 된 사람'이 피해자의 얼굴을 합성한 이미지를 만들어 유포하거나, 유포하겠다고 협박하며 돈을 요구하는 일들이 늘어나고 있습니다. 특히, 이런 경우에는 딥페이크나 생성형 AI 기술로 피해자가 찍지 않은 허구의 사진과 영상을 만들어 내기까지 합니다. 그렇게 만들어진 허구의 사진과 영상은 협박의 수단이 됩니다.

또 어떤 사람이 여러분에게 접근해서 개인정보나 돈을 요구하거나 대리결제를 강요하고 협박할 수도 있습니다. 이런 경우에는 절대로 동의하면 안 됩니다. 최근에는 딥페이크로 만들어진 음성으로 개인 정보를 요구하는 형태의 범죄도 일어나고 있어 더 큰 문제가 되고 있습니다. 가족이나 친구인 척하면서 급하게 개인정보를 알려달라고 하는 경우가 이에 해당

합니다. 어떤 식으로든 상대방이 나와 가족의 개인정보를 요구하는 것은 적절하지 못하다는 것과, 이때 절대 개인정보를 넘겨줘서는 안 된다는 점을 여러분이 꼭 기억해야 합니다. 예를 들자면 이야기 속에서 미디중학교 학생들이 선우 부모님의 카드 번호를 알아내어 배달 음식값을 대신 내게 시키는 것도 사이버 갈취에 해당합니다.

앞으로는 이런 딥페이크 기술이나 생성형 AI로 만들어진 미디어 콘텐츠를 거르는 대처 기술이 만들어진다고도 합니다. 그래도 우리 스스로 개인정보를 보호하고 다양한 방식의 사이버 갈취를 예방할 수 있어야 합니다.

대리결제란?

대리결제는 다른 사람의 결제 정보를 불법적으로 이용해 결제하는 행위를 의미합니다. 내가 사고 싶은 물건을 다른 사람의 돈으로 사는 것이 가장 대표적인 예라고 할 수 있습니다. 예를 들자면 부모님의 신용카드를 몰래 사용해 게임 아이템을 사거나 유료 동영상을 구입하는 것이 대리결제에 해당합니다. 이야기 속 선우가 가해자 중학생들의 강요로 저지른 일도 대리결제입니다.

재작년에 부모님 몰래 부모님의 신용카드를 이용해 게임 아이템 몇백만 원 어치를 샀다가 적발된 어린이의 사례가 뉴스에 나오기도 했습니다. 이런 유형의 '대리결제' 문제는 점점 늘어나고 있습니다. 이렇게 자녀가 대리결제를 한 경우에, 부모님은 한참 후 고지서를 통해 사실을 알게 되는 경우가 대부분이라고 합니다. 구글 플레이 스토어나 앱스토어와 같은 앱 다운로드 사이트에서는 '미성년 자녀 등 타인이 결제한 사실이 확인된 경우

환불 요청이 가능하다'고 안내하고는 있지만, 구체적인 판단 기준이 공개되어 있지 않아 환불받기는 쉽지 않습니다.

부모님의 카드를 이용해서 허락 없이 무언가를 결제한 것 말고도 심각했던 사례가 있습니다. 바로 '전동 킥보드 갈취 사건'입니다. 최근에는 전동 킥보드를 타기 위해 후배 학생에게 이름, 전화번호, 생일, 통신사 등의 개인정보를 보내라고 요구한 후, 그 후배의 개인정보로 전동 킥보드 요금을 떠넘긴 청소년의 사건이 알려져 사람들이 충격을 받기도 했습니다. 원래 전동 킥보드를 대여하려면 운전면허증이 필요합니다. 그런데 일부 업체들이 운전면허증 확인을 제대로 하지 않아 이런 문제가 발생하게 되었습니다. 일부 청소년들이 이 업체 어플의 허술한 보안망을 뚫고 운전면허증 없이 다른 사람의 정보로 대리 인증한 후, 요금까지 내도록 한 사건이었습니다. 이 일을 벌였던 학생들은 결국 경찰서에 가게 되었습니다.

전동 킥보드 외에도 다른 사람의 개인정보를 이용해 배달 어플로 음식을 마구 주문한 후 대신 계산하게 하거나, 다른 사람의 물건을 중고로 팔아 중간에서 돈을 가져가는 등 어플을 활용해 돈을 갈취하는 신종 '대리결제' 사이버 폭력 사례는 계속 다양한 방식으로 늘어나고 있습니다.

사이버 갈취랑 대리결제만 막으면 될까?

사이버 갈취와 대리결제 외에도 온라인에서 일어나는 사이버 폭력에는 각종 '혐오 표현'과 '디지털 성범죄'가 있습니다. 이 두 가지 유형의 사이버 폭력은 앞서 살펴본 사이버 폭력의 여러 유형에 뒤섞여서 나타나기도 합니다. 그럼 '혐오 표현'과 '디지털 성범죄'에 대해 알아볼까요?

혐오 표현

'혐오 표현'이란 다른 사람을 차별하거나 모욕, 비하, 위협하는 표현을 의미합니다. 성별, 장애, 종교, 나이, 출신 지역, 인종 등을 이유로 누군가에 대한 차별을 정당화하고 조장하거나 불쾌감을 주는 표현을 사용하는 거죠. 이런 말들은 당연히 당사자에게 상처를 주고 큰 문제가 될 수 있습니다. 혐오 표현은 굉장히 다양한 형태로 나타나기 때문에 누구나 피해의 대상이 될 수 있습니다. 게다가 가해자가 주로 익명의 가면을 쓰고 혐오 표현을 사용하기 때문에 누가 한 일인지 알아내기 쉽지 않습니다. 그렇기 때문에 가해자 스스로도 자신이 쉽게 처벌받을 거라고는 생각하지 않는 경우가 대다수입니다.

게다가 혐오 표현은 법적으로도 큰 문제가 될 수 있어서 위험하답니다. 실제로 많은 나라에서는 혐오 표현을 금지하고 사람들이 사용하지 않도록 하기 위해 굉장히 노력하고 있습니다. 우리나라는 어떠냐고요? 우리나라에서도 물론 인터넷상에서 누군가에게 함부로 혐오 표현을 한 사람은 법에 따른 처벌을 받을 수 있답니다. 사이버 명예훼손, 사이버 모욕에 해당하기 때문이지요. 함부로 다른 사람의 정보를 훼손하거나 비밀을 온라인에서 퍼트린다든지, 음란 콘텐츠를 배포하거나 공포심을 유발하는 콘텐츠를 배포했을 때, 징역을 살거나 벌금을 물게 됩니다.

혐오 표현은 우리의 온라인 공간에도 좋지 않은 영향을 끼칩니다. 하나의 예로, 혐오 표현이 많아지면 사람들이 인터넷을 사용하기가 굉장히 불편하고 두려워집니다. 언제 누가 나를 공격하는 말을 하거나 웃음거리로 만들지, 콘텐츠에서 나를 비난하는 혐오 표현이 나오지는 않을지 또 그런 콘텐츠에 사람들이 댓글로 동조하지는 않을지 모두가 불안한 온라인 환경이 되는 것이지요.

그렇다면 혐오 표현이 인터넷에서만 문제인 걸까요? 아닙니다. 혐오 표현의 문제는 현실 세계로도 이어집니다. 인터넷에서 퍼진 혐오 표현이 하나의 밈이 되어 다른 사람에게 상처를 줄 수 있기 때문입니다. 예를 들어, 누가 학교에서 나를 인종이나 외모, 성별로 놀리고 나쁘게 말하면 기분이 어떨까요? 자존감도 떨어지고 학교생활이 무서워질 것입니다. 이런 혐오 표현이 아무렇지도 않게 사용되면, 사람들은 서로 미워하고 차별하게 되고 사회는 점점 갈등으로 가득 차게 됩니다. 혐오 표현은 단순한 말과 장난으로 끝나지 않고, 다른 사람과 우리 사회에 큰 피해를 끼친다는 것을 꼭 명심해야 합니다.

디지털 성범죄

디지털 성범죄는 인터넷, 스마트폰 등의 매체를 이용해 상대방의 동의 없이 다른 사람을 성적으로 괴롭히거나 불법적인 행위를 하는 것입니다. 친구의 허락 없이 친구의 사진이나 영상을 인터넷에 올리거나, 성적인 의미를 담은 메시지를 보내는 것은 모두 디지털 성범죄에 해당합니다. 즉, 상대방의 동의를 구하지 않고 사진이나 영상을 찍고, 다른 사람에게 퍼트리거나 온라인에 올리는 행동은 디지털 성범죄랍니다.

디지털 성범죄로 피해자의 사생활은 심각하게 침해받게 됩니다. 개인적인 사진이나 영상이 자기 동의 없이 여기저기 퍼지면, 피해자는 알리고 싶지 않은 내용이 다른 사람들에게 퍼졌다는 사실에 매우 큰 심리적 압박과 고통을 느끼게 됩니다. 자신의 사생활이 이곳저곳에 퍼져 가족이나 친구, 아는 사람들에게까지 알려질까 봐 두려워하고 불안해할 수밖에 없습니다. 사회적인 평판이 무너지고 인간관계가 나빠질까 봐 지속적인 불안과 스트레스를 겪는 경우가 많습니다. 이는 피해자의 정신 건강에도 굉장히 심각한 영향을 미치게 됩니다.

한 번 업로드된 사진과 영상을 쉽게 삭제할 수 없다는 사실은 피해자를 더욱 힘들게 합니다. 사진이나 영상이 게시된 플랫폼이 해외인 경우에는 자기 모습이 게시되고 있다는 사실 자체도 알기 어렵고, 법적 대응도 훨씬 복잡합니다. 언제 어디서 자기 사진이나 영상이 나타나 피해를 입을지 알 수 없다는 사실이 큰 두려움이 되어 일상 생활이 어려워지기도 합니다.

몰래카메라	디지털 기기로 타인의 동의 없이 그 사람의 신체를 몰래 촬영하는 것 *몰래카메라라고 이야기하는 것도 나쁜 행위를 가볍게 말하는 것처럼 느껴질 수 있어서 불법 영상 촬영 등으로 바꿔 일컫고 있습니다.
불법 영상물 유포	타인의 성적 수치심을 유발하는 촬영물을 동의 없이 온라인에 유포하는 것
지인 능욕	다른 사람이 사진을 성적으로 합성하여 신상정보와 함께 SNS 등에 유포하는 것
디지털 성 착취	온라인 채팅, SNS 등을 통해 피해자를 유인하고, 성 착취 행위(성적인 사진이나 영상을 찍어 보내도록 강요하는 것)를 한 뒤 지속적으로 협박하며 피해의 폭로를 막는 것
몸캠	채팅 앱이나 사이트 등을 통해 음란한 행위를 녹화하는 것

※ 미디중학교 학생들이 선우의 모습을 마음대로 합성해서 SNS에 올린 것도 디지털 성범죄가 될 수 있습니다.

특히, 디지털 성범죄는 우리 사회의 법과 제도의 허점을 파고드는 범죄라서 사회 전체에도 부정적인 영향을 미칩니다. 새로운 유형의 범죄에 대한 법적인 대응 방법은 빠르게 발전하는 기술에 비해 느릴 수밖에 없습니다. 디지털 미디어 기술이 빠르게 발전하며 나타나는 다양한 디지털 성범죄를 예방하고 가해자가 마땅한 처벌을 받게 하는 데 한계가 있는 이유입니다. 가해자에 대한 처벌이 늦거나 사람들이 생각하는 것보다 약하다 보니 사람들은 법과 제도를 믿지 못하고 서로를 의심하게 된답니다.

그래서 디지털 성범죄는 우리가 살아가는 현대 사회에서 매우 심각한 문제 중 하나로 거듭나고 있습니다. 실제로 디지털 성범죄 피해자 지원센터에 접수되는 디지털 성범죄 피해 발생 건수는 매년 증가하고 있습니다. 2022년에는 12,727건이었고 2023년에는 14,565건으로 증가했습니다. 접수된 피해 유형에서 가해자가 자신의 사진이나 영상을 유포할까 봐 불안해하는 유포 불안이 1순위였다는 점도 디지털 성범죄가 피해자에게 어떻게 고통을 주는지 알 수 있는 부분입니다.

게다가 아동·청소년을 대상으로 하는 디지털 성범죄도 계속 발생하고 있

디지털 성범죄 피해 유형별 현황

구분	합계	불법 촬영	합성·편집	유포	유포 협박	유포 불안	사이버 괴롭힘	기타
2022	12,727 (100.0%)	2,684 (21.1%)	212 (1.7%)	2,481 (19.5%)	2,284 (18.0%)	3,836 (30.1%)	534 (4.2%)	696 (5.4%)
2023	14,565 (100.0%)	2,927 (20.1%)	423 (2.9%)	2,717 (18.7%)	2,664 (18.3%)	4,566 (31.3%)	500 (3.4%)	768 (5.3%)

출처: 한국여성인권진흥원

습니다. 최근 여성가족부에서 디지털 성범죄가 어떤 방식으로 얼마나 일어나고 있는지 파악하기 위해 전국의 중고등학생 약 5천여 명을 대상으로 조사를 실시했습니다. 그 결과 약 15%의 청소년이 '인터넷 이용 중 의도치 않게 미성년자의 성적 이미지에 노출된 적이 있다'고 응답했고 그중 68.3%나 되는 학생들이 그 경로로 SNS를 꼽았습니다. 약 4%의 학생은 '누군가로부터 본인의 성적인 이미지를 보내라거나 공유하자는 요구를 받은 경험이 있다'고 대답했습니다. 실제로 디지털 성범죄 센터 자료에 의하면, 아동·청소년 스스로 영상 등을 촬영해 가해자에게 전송하는 방식이 증가하며 아동·청소년 성 착취물의 피해가 커지고 있다고 합니다. 모르는 사람과 채팅이나 메시지 등을 통해 이야기를 나누다가 자기 사진을 보내라고 했을 때, 위험을 모른채 사진을 보내고 나서 협박에 의해 여러 차례 사진이나 영상을 보내는 악순환에 빠지게 됩니다. 한국형사·법무정책연구원이 여성가족부 의뢰를 받아 분석한 '2022년 기준 아동·청소년 성범죄 판결 분석'에 따르면 3,736명의 피해자 중 약 17%가 성 착취물로 인한 피해를 당했습니다. 그중 피해자 스스로 촬영해서 보낸 영상이나 사진을 착취하는 '자기 촬영' 방식이 52.9%로 가장 높았는데 이는 2019년에 비해 약 3배가량 늘어난 수치입니다. 피해자의 약 60%는 아는 사람이 가해자였다고 답했는데, 그중 33.7%가 '온라인 채팅 등을 통해 알게 된 사람'이었습니다. 사실상 전혀 알지 못하는 사람이지요. 특히 아직 다른 사람의 의도를 의심해야 함을 잘 모르고, 알더라도 자신의 상황에 대입하기 어려워하는 아동·청소년의 경우 '그루밍 범죄'에 노출되어 디지털 성범죄의 늪에 빠지기도 합니다.

온라인 그루밍(Online Grooming)

온라인 그루밍이란 Online(온라인)과 Grooming(길들이다)을 합친 단어입니다. 온라인에서 이루어지는 채팅, 메시지, SNS 등을 통해 대화를 나누며 친밀한 관계를 쌓은 후, 점점 상대방을 정신적으로 길들여 자신의 요구를 듣도록 하는 수법입니다. 주로 미성년자나 홀로 고립되어 정서적으로 취약한 사람에게 친절하게 대해주며 심리적으로 피해자가 의지하게 만듭니다. 이때 가해자는 피해자가 이 사실을 다른 사람에게 알리지 못하도록, 부모님이나 친구가 걱정할 수 있다거나 비밀 친구가 되자는 핑계를 대며 피해자를 고립시킵니다. 그 이후엔 갖가지 핑계를 대며 가벼운 부탁인 척 돈을 요구하거나 사진, 영상을 요구하는데 이런 경우 아동·청소년은 상대의 부탁을 거절하기 어려워하며 가해자의 요구를 들어주게 됩니다. 만약 거절하면 이제 연락을 끊겠다거나 자신을 믿지 않으니 서운하다는 식으로 피해자가 자기 요구를 들어주도록 몰아갑니다. 한 번 사진이나 영상을 보내고 나면 그 사진과 영상을 퍼트리겠다고 협박하며 가해자의 요구는 점점 수위가 높아집니다. 이렇듯 온라인 그루밍은 호의를 가장해 다가와 피해자를 성적으로 착취하는 신종 디지털 성범죄 유형입니다.

절대 가벼운 장난이 아닌 디지털 성범죄는 예방이 무척 중요한 일입니다. 그래서 우리는 이런 문제를 잘 알고, 예방 방법과 대처 방법을 배워야 합니다.

청소년, 사이버 문제의 씨앗?

민이가 겪은 사이버 폭력 말고도, 앞의 이야기들에서 틱톡, 챗 GPT와 관련된 문제 등 다양한 문제 상황들이 있었죠? 그렇다면 사이버와 관련된 문제가 생겨나는 이유, 그리고 그 문제들이 여러분 같은 청소년들에게까지 퍼진 이유는 무엇일까요?

첫째, 급격하게 늘어난 인터넷과 스마트폰 사용이 아주 중요한 원인 중 하나입니다. 요즘에는 거의 모든 친구들이 스마트폰을 가지고 있지요? 스마트폰을 가진 청소년이 늘어나고, 그들은 하루 종일 인터넷을 사용할 수 있게 되었습니다. 게다가 언제 어디서나 사용할 수도 있습니다. 언제 어디서나 쉽게 인터넷을 사용할 수 있게 되었다는 것은 그만큼 사이버 폭력에 노출될 확률도 늘어났다는 것을 의미합니다. 청소년이 자유롭게 인터넷을 사용하고, 사이버 공간에서 가족, 친구, 심지어 모르는 사람과도 쉽게 소통할 수 있게 되면서 갈등과 문제가 계속 생겨나고 있답니다. 원할 때 어디서나 원하는 만큼 온라인 소통 플랫폼(SNS 등)을 사용하며 즐겁게 시간을 보낼 수도 있지만, 그 소통 플랫폼이 사이버 폭력의 무대가 될 수도 있다는 위험성이 있습니다. 특히, 실시간으로 메시지를 주고받고 게시글을 올릴 수 있어서 SNS에서는 누군가가 가벼운 마음으로 쓴 글이나 댓글이 순식간에 많은 사람들에게 공유되기도 합니다. 그래서 피해가 커지고 피해자가 받는 심리적 압박도 늘어나게 됩니다.

둘째, 익명이 보장된다는 인터넷의 특성도 다양한 사이버 관련 문제가 일어나는 원인입니다. 인터넷 공간에서는 자기가 어디 사는 누구인지 꼭 밝히지 않아도 되지요? 그래서 자신에 대한 정보를 숨긴 채로 활동할 수 있습니다. 물론 이 익명성 덕분에 자유롭게 자기 생각을 표현하고 다른 사람과 소통할 수 있다는 장점도 있지만, 아무도 나를 모른다는 사실이 주는 해방감과 자유로운 느낌이 오히려 책임감 없이 폭력적인 말이나 다른 사람을 괴롭히는 행동을 할 수 있게 만들기도 합니다. 자신의 언행에 대해 책임지지 않아도 될 것만 같은 느낌이 들고, 나쁜 행동을 해도 '이 정도쯤이야' 하며 걸리지 않을 거라고 믿기 때문에 더욱 과감하게 다른 사람에게 심한 말을 하거나 고통을 주는 언행을 하게 됩니다.

셋째, 사람들 간에 경쟁을 유도하는 사이버 공간도 사이버 폭력을 유발합니다. 수많은 온라인 게임이 대표적인 예시이지요. 게임 상황에서의 경쟁과 갈등은 쉽게 사람을 흥분시킵니다. 게임에 몰입하느라 격해진 감정은 폭력적인 언행으로 이어지고, 이로 인해 사이버 폭력이 발생하는 것입니다. 게다가 게임 내에서의 비하나 조롱은 현실 세계의 갈등으로 이어지기도 합니다. 친구들이 같이 게임을 하다가 게임을 잘 못하는 친구를 게임이 끝난 뒤에도 마구 비난하고 놀리는 것이 흔히 볼 수 있는 예입니다. 하지만 이런 상황은 얼굴을 아는 친구들 사이에서만 일어나는 문제가 아닙니다. 게임상에서의 갈등이 현실로 이어져 큰 범죄의 씨앗이 되기도 합니다.

넷째, 아직은 부족한 사이버 폭력에 대한 사람들의 인식도 하나의 원인입니다. 사실 여러분은 이미 많이들 배우고 간접적으로 들어보아서 사이버 폭력에 대해 잘 알고 있습니다. 그럼 어떤 인식이 모자란 걸까요? 여러분은 사이버 폭력이 위험하다는 것은 알고 있지만 사이버상에서 자신이 한 행동이 사이버 폭력이 되거나, 다른 사람과의 갈등을 일으킬 수 있다는 점을 잘 인식하지 못합니다. 깊이 생각하지 않고 저지른 언행이 다른 사람에게 어떤 영향을 미칠지에 대해 아직은 고려하지 못하는 것입니다. 자신의 언행이 가져올 나비효과를 가볍게, 장난으로 여기고 무심코 넘기는 태도가 사이버상 갈등의 씨앗이 될 수도 있답니다.

다섯째, 청소년의 뇌는 아직 순간의 충동과 감정을 저지하지 못합니다. 앞선 모든 원인이 사이버 갈등과 폭력으로 자라나지 않도록 조절하면 문제는 일어나지 않겠죠? 하지만 청소년의 뇌는 아직 완성된 상태가 아닙니다. 감정이 격해졌을 때, 이성적으로 충동을 다스리고 대처하는 데 필요한 뇌의 기관이 아직 다 성장하지 않아 감정을 적절히 표현하고 관리하는 것이 어려울 수 있습니다. 그리고 고조된 감정을 폭발적으로 분출한 결과 사이버 폭력이 발생하는 결과로 이어지게 됩니다. 특히, 이렇게 끓어오른 충동적·감정적인 반응은 온라인상에서 더욱 극단적으로 나타날 가능성이 높습니다. 순간적으로 저질러 버린 언행이 더 큰 문제로 이어질 수 있는 것입니다.

내가, 우리가 막는 사이버 폭력

앞서 언급한 스마트폰 보급과 청소년의 미디어 사용 증가로 미디어와 사이버 공간을 활용한 문제가 점점 청소년층으로 내려오고 있습니다. 많은 청소년이 피해자가 되었을 뿐만 아니라 가해자가 되는 경우도 상당히 증가한 것입니다. 그럼 여러분들이 이런 일을 저지르거나 겪지 않게 하기 위해선 어떤 방법이 필요할까요? 세 가지 이야기를 먼저 살펴보도록 하겠습니다.

첫 번째 이야기는 바뀐 우리나라 교육과정(2022 개정 교육과정)과 관련된 이야기입니다. 2022 개정 교육과정, 즉 앞으로 여러분이 학교에서 배우게 될 내용은 불확실한 미래에 대비하여 미래 사회의 요구에 대응할 수 있는 역량을 함양할 것을 목표로 하고 있습니다. 특히, 바뀐 교육과정은 '디지털 전환'에 대비할 수 있는 '디지털 소양'을 학생들이 갖출 수 있도록 만들어졌습니다.

이러한 2022 개정 교육과정을 연구한 논문에 따르면, 2022 개정 교육과정은 초등학교, 중학교, 고등학교로 학교급마다 단계적으로 다른 미디어 리터러시 교육을 제시하고 있다고 합니다. 초등학교는 기초적이고 실생활과 관련이 깊은 내용을 배우며 미디어 리터러시에 대한 학생들의 흥미를 키우려 하고 있고, 중학교에서는 미디어를 효과적으로 활용한 탐구 활동과 함께 미디어에 대한 책임과 권리에 대해 배웁니다. 마지막으로 고등학교에서는 미디어 콘텐츠를 비판적으로 이해하고 새로운 콘텐츠를 만들어내는 법을 배웁니다. 다가올 미래 사회에서 미디어 리터러시는 필수적인 역량이며, 여러분은 학교에서 다양한 방식으로 이루어지는 미디어 리터러시 교육을 경험할 수 있습니다.

두 번째 이야기로 넘어가 볼까요? 청소년을 대상으로 이루어지는 인터넷 교육이 사이버 폭력 가해를 일으키지 않도록 할 수 있는가에 대한 연구가 이루어졌습니다. 쉽게 말해 '인터넷 예절'에 대해 배운 사람은 사이버 폭력을 덜 저지르는가에 대해 연구한 것입니다. 2022년 발표된 연구 결과를 바탕으로 볼 때, 인터넷 교육(인터넷 윤리 교육)은 사이버 폭력을 예방하는 데 실제로 도움이 된다는 사실을 알 수 있습니다. 연구 결과를 보면 인터넷과 미디어를 바르게 활용하는 법에 대해 교육을 받은 사람들은 사이버 폭력과 관련된 문제를 일으킬 확률이 낮다는 것을 확인할 수 있습니다. 인터넷 윤리의식을 기르기 위해서는 인터넷 사용과 관련한 교육이 필요하다는 점도 알 수 있습니다. 인터넷 교육을 통해 우리는 다른 사람을 존중하고, 피해를 주지 않으면서 인터넷과 미디어를 사용하는 법을 배웁니다. 또한 사이버 폭력의 위험성을 알게 되고, 사이버 폭력이 발생했을 때어떻게 대처해야 하는지도 익힐 수 있게 됩니다. 그래서 인터넷 교육을 받은 친구들은 다른 사람에게 사이버 폭력을 가하는 일이 적어지고, 자신이피해를 받는 일도 줄어듭니다. 안전하게 인터넷과 미디어를 사용하는 것도 우리가 갖추어야 할 중요한 '미디어 리터러시'랍니다.

물론 기술과 사회 분위기가 빠르게 변하고 있는 만큼 인터넷 교육 자료는청소년 여러분들이 받아들이기 충분한 수준으로 제작되어야 합니다. 그래야만 사이버 폭력의 심각성, 미디어를 잘못 활용했을 때의 위험성을 여러분이 잘 이해할 수 있을 것입니다.

세 번째 이야기는 다른 나라의 사례입니다. 독일의 '미디어 헬덴(Medien Helden)'이라는 프로그램에 대해 들어본 적 있나요? '미디어 헬덴'은 독일에서 진행되는 사이버 폭력 예방 교육 프로그램입니다. '헬덴'은 독일어로 '영웅'을 뜻하는 단어입니다. 그러니까 '미디어 헬덴'은 미디어로 인해 어려움이나 위험에 처한 누군가를 도와주고 구해 주는 '영웅'을 길러내기 위해 만들어진 프로그램입니다. 미디어 헬덴 프로그램은 사이버 폭력을 예방하고 피해자를 도와주는 것뿐만 아니라 학생들이 미디어를 보다 잘 활용할 수 있도록 만들어진 굉장히 체계적인 매뉴얼이라고 할 수 있습니다. '미디어 헬덴' 프로그램에서 학생들은 '사이버 폭력이란 무엇인지' 토론해 보며 그 의미를 탐구합니다. 그런 다음, 다양한 미디어를 보며 인터넷과 미디어를 사용하는 적절한 행동과 부적절한 행동을 구별해 봅니다. 특히, 이 과정에서는 '역할극'을 하면서 직접 상대방의 입장이 되어보고, 어떻게 말하고 행동할지 연습해 보면서 공감 능력을 기릅니다. 또, 문제가 발생했을 때 어떻게 말하고 행동하며 대처할 것인지도 '역할극'을 통해 실제로 체험해 본다고 합니다. 그래서 이 프로그램에 참여한 학생들은 사이버 폭력의 문제점과 사이버 폭력을 예방하기 위한 다양한 방법들을 자연스럽게 알게 됩니다. 또, 가해자/피해자/목격자 다양한 역할을 맡아보며 사이버 폭력을 바라보는 여러 입장의 시선을 느껴보고, 사이버 폭력으로부터 스스로를 보호하기 위해 알아야 하는 미디어 사용 방법까지 배운다고 하니 참 유익해 보이는 프로그램입니다.

'역할극'을 통해서 사이버 폭력과 관련된 여러 입장을 체험하는 과정이 미디어 헬덴 프로그램의 핵심입니다. 가해자, 피해자의 역할뿐만 아니라 그 주위에 있는 주변인으로서 어떻게 문제 상황에 개입하며 '영웅'의 역할을 할지 직접 체험하며 배운다고 합니다. 공감 능력을 기르고 사이버 폭력의 주변인일 때 자기 자신이 어떻게 행동하고 사람들을 도와줄 수 있을지 체계적으로 배울 수 있게 된답니다. 가해자와 피해자 역할에만 중심을 두지 않는다는 점이 매우 독특하면서도 모두가 함께 문제를 해결할 힘을 기른다는 점에서 매우 효과적으로 보입니다.

사실 여러분은 이미 학교에서 학교폭력예방교육의 일환으로 사이버폭력

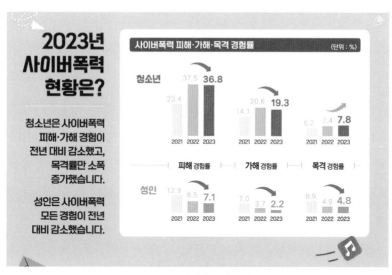

▲2023 사이버 폭력 현황

출처: 방송통신위원회

2. 사이버폭력 예방 교육 효과

사이버폭력 예방 교육을 경험한 청소년의 83.8%는 예방 교육이 '도움 되었다' 응답

- 예방 교육이 '도움 되었다'는 인식은 성별로는 여학생에서, 학령별로는 초등학생 > 중학생 > 고등학생 순으로, 인터넷 이용 시간이 적을수록 높음
- 한편, 가·피해 '경험 있는' 청소년의 '도움 되었다'는 응답은 80.0%로 '경험 없는' 청소년 대비 6.6%p 낮은 수준임

그림52 | 사이버폭력 예방 교육 효과

(응답자: 사이버폭력 예방 교육을 받은 청소년 8,265명, 단위: %)

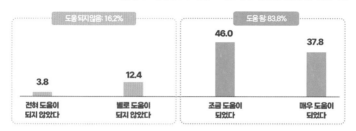

▲사이버폭력 예방 교육 효과

출처: 방송통신위원회

예방 교육을 매년 꾸준히 받고 있습니다. 그래서 2023년 조사에서는 2022
년보다 피해 경험, 가해 경험은 줄어들고 목격 경험만 조금 증가했다는 점
이 드러났습니다. 특히 사이버폭력 예방 교육을 경험한 청소년의 83.8%
가 '예방 교육이 도움이 되었다'고 응답했다는 것을 보면 그 교육이 매우
효과적이라는 것도 알 수 있습니다. 하지만 이렇게 여러분이 열심히 배우
고 실천하고 있음에도 사이버 폭력은 여전히 벌어지고 있답니다. 특히 코
로나 이후, 학교폭력의 30%가 사이버 폭력이었다고 하니, 더욱 교육을 통
한 예방이 중요해지고 있습니다.

그럼 여전히 벌어지고 있는 사이버 폭력, 우리가 어떻게 하면 예방하고 올
바르게 대처할 수 있을까요? 여러분이 지금까지 배워온 내용과 함께 살펴
봅시다.

가해자가 되지 말자

사이버 폭력 가해자가 되지 않기 위해 지켜야 할 가장 중요한 것은 타인의
감정을 고려하고 존중하는 것입니다. 온라인에서 어떤 말, 어떤 행동을 할
때든 항상 먼저 상대방이 어떻게 느낄지 생각해 보아야 합니다. 또 상대에
대한 예의를 지키는 것도 잊으면 안 됩니다. 인터넷에서든 현실에서든 마
찬가지로 예의를 갖추고 상대를 존중하며 활동해야 합니다. 다른 사람의
개인정보를 요구해서도 안 됩니다. 다른 사람의 사생활과 개인정보는 우
리가 같이 보호해야 하는 대상이기 때문입니다.

혐오 표현은 절대 사용하지 않는 것도 우리가 실천해야 할 중요한 약속입
니다. 나이나 외모, 성별 등으로 다른 사람을 차별하고 비하하는 말은 절

대로 하지 않아야 합니다. 내가 별생각 없이 올린 게시물과 댓글에 담긴 혐오 표현이 수많은 사람에게 치료할 수 없는 상처를 줄 수 있습니다.

두 번째로는 화가 나거나 기분이 확 나빠졌을 때, 감정을 다스리는 습관을 길러야 합니다. 누군가가 놀리거나 나를 공격한다는 느낌을 받아 나도 복수하고 싶은 마음이 들더라도 바로 댓글을 달아서는 안 됩니다. 대신 잠시 멈추고 생각해 보는 것이지요. '여기서 나도 욕을 하고 공격적으로 대응하는 것이 괜찮을까? 정말 해결 방법이 그것뿐일까?' 잠깐의 멈춤만으로도 흥분했던 마음이 가라앉고 사이버 폭력을 예방할 수 있게 된답니다.

학교에서 하는 사이버 폭력 예방 교육 시간에 적극적으로 참여하는 것도 좋습니다. 나날이 발전하는 사이버 폭력의 수법에는 어떤 것들이 있는지를 배우고 사이버 폭력에 대한 민감성도 기를 수 있는 좋은 시간입니다. 또한 우리는 그런 사이버 폭력을 저지르지 않기 위해 어떻게 해야 하는지도 배울 수 있어서 사이버 폭력 예방에 큰 도움이 된답니다.

만약, 여러분이 스스로를 돌아봤을 때 다른 사람을 괴롭혀서 갈등을 자주 일으킨다거나 온라인에서 본 것을 아무렇지 않게 여러 곳에 퍼트리곤 한다면, 부모님이나 주위 어른에게 도움을 요청하는 것도 필요합니다. 여러분이 보다 건강한 온라인 공간 사용 태도를 기를 수 있도록, 또 다른 사람과 불필요한 갈등을 일으키는 습관을 끊어낼 수 있도록 도움이 되는 방법을 찾아주실 것입니다.

마지막으로 여러분이 꼭 알아야 할 점은, 자기 말과 행동에 책임감을 느껴야 한다는 사실입니다. 내가 무심코 쓴 글이나 댓글, 채팅으로 누군가가 다치고 큰 피해를 받으면 안 된다는 점. 그렇기 때문에 온라인에서도 언제나 스스로를 돌아보아야 한다는 점을 기억하도록 합시다.

피해에는 슬기롭게 대처하자

우리는 매일매일 컴퓨터나 스마트폰을 통해 인터넷을 사용하고 있습니다. 그래서 누구나 사이버 폭력의 피해를 당할 수 있지요. 그럼 내가 사이버 폭력을 당했을 때 어떻게 대처해야 할까요?

먼저 당황하지 말고 마음을 가라앉혀 봅시다. 물론 쉽지는 않겠지만, 침착하게 어떤 상황인지 생각하고 대처해야 합니다. 감정적으로 대응하거나 회피하는 대신, 공격적이고 비난, 조롱이 담긴 메시지 등 가해자가 보낸 메시지나 폭력적인 콘텐츠를 캡처한 후 잘 저장해 놓아야 합니다. 확실한 증거가 있다면, 문제를 해결할 때 굉장히 유용합니다. 예를 들어, 가해자가 '나 그런 적 없는데', '내가 언제?' 하며 발뺌할 때, 증명할 수 있습니다. 증거를 모은 다음에는 부모님 또는 믿을 수 있는 어른에게 상황을 알리고 도움을 요청해야 합니다. 여러분에게 문제가 생겼다는 걸 알게 되면, 어른들은 문제를 해결하는 방법을 알려주고 여러분과 함께 대처하며 도움을 줄 것입니다. 특히, 여러분을 아끼고 사랑하는 어른들에게 알리면 어른의 보호 속에서 여러분이 혼자가 아니라는 안정감도 느낄 수 있게 됩니다.

가해자를 차단해 더 이상의 피해가 일어나지 않도록 막는 것도 필요합니다. 메시지나 SNS에 있는 차단 기능을 사용하면, 가해자는 더 이상 여러분에게 말을 걸거나 폭력적인 콘텐츠를 보내는 등의 사이버 폭력을 할 수 없습니다. 더 이상 가해자의 공격을 받지 않는 것만으로도 스트레스를 줄이고 더 심각한 상황을 막을 수 있게 됩니다. 만약 가해자가 다른 SNS나 전화 등 다른 방법으로 여러분에게 접근해도 신경 쓰지 않는 것이 좋습니다. 계속해서 차단, 무시해서 여러분이 심리적으로 깎여나가는 것을 막고 벌어진 일에 대처하는 것이 중요하답니다.

여러분이 사용하고 있는 플랫폼의 신고 기능을 이용하는 방법도 있습니다. 여러분이 평소에 쓰는 대부분의 SNS 등의 플랫폼은 사이버 폭력으로 인한 갈등과 범죄를 조기에 대응하기 위한 시스템을 마련하여 운영하고 있습니다. 여러분이 당한 일을 신고하면, 플랫폼 운영자는 신고 내용을 확인한 후, 운영 지침에 따라 필요한 조치를 하며 여러분을 도울 수 있습니다. 신고의 긍정적인 영향은 여러분의 피해에 대처하는 것뿐만 아니라, 플랫폼을 사용하는 다른 사람들이 같은 폭력에 노출되지 않도록 예방할 수 있다는 점입니다. 누군가 사이버 폭력을 저지르면 꼭 신고하기. 할 수 있지요?

가장 중요한 것은 여러분을 도와줄 사람들이 주위에 항상 있다는 사실을 알고 신뢰하는 것입니다. 친구나 가족에게 겪은 일을 털어놓고 힘들고 불쾌했던 감정을 표현해 봅시다. 있었던 일에 대해 솔직하게 이야기하고, 여러분의 감정도 억누르는 대신 편하게 풀어주는 방법입니다. 여러분을 감싸고 안아주는 사람들을 믿고, 불안했던 마음과 스트레스는 가라앉고 더 편안한 상태가 되길 바랍니다.

필요하다면 전문적인 상담사나 사이버 폭력 피해자를 지원하는 단체의 도움을 받는 방법도 좋습니다. 전문가들은 관련된 경험과 지식을 풍부하게 갖추고 있습니다. 여러분의 상황을 잘 분석해서 어떻게 대처하는 것이 좋은지 구체적이고 확실한 조언을 해 줄 수 있는 분들이지요. 상담을 통해 여러분이 느꼈던 복잡한 감정을 정리하고, 건강하게 일상생활을 할 수 있는 힘을 기를 수 있게 됩니다. 지원 단체에서는 사이버 폭력에 필요한 법적인 지원을 연결하고 제공합니다. 또한 문제를 해결한 후에도 여러분에게 필요하다면 추가적인 도움(상담이나 의료 기관 연결, 치료 프로그램 구성 등)을 제공하기도 합니다.

사이버 폭력을 겪으면 자존감이 떨어지고 우울해질 수 있습니다. '내가 뭘 잘못해서 그런 걸까 이런 일이나 당하고'하며 스스로를 탓하게 되는 경우가 많기 때문입니다. 하지만 사이버 폭력을 겪었다고 해서 자기 스스로를 비하할 필요는 절대 없습니다. 자기 자존감을 지키며 스스로를 소중히 보듬어주는 태도는 여러분이 힘든 상황을 이겨내고 벗어나는 데 든든한 디딤돌이 됩니다. 주위 사람들이 여러분을 아끼는 만큼, 여러분 스스로도 자신을 소중히 여겨주도록 노력해 보길 바랍니다.

선서, 행동하는 목격자가 되겠습니다!

여기까지 생각하다 보면 질문 하나가 떠오를지도 모르겠습니다.

"전 가해자, 피해자도 아닌데 할 수 있는 것이 없나요?"

물론 할 수 있는 것이 있습니다. 앞서 살펴본 독일의 '미디어 헬덴 프로그램'을 다시 떠올려볼까요? 미디어 헬덴 프로그램의 가장 큰 특징은 가해자와 피해자뿐만 아니라, 목격자의 역할도 중요하게 다룬다는 점이었습니다. 사이버폭력 상황에서 목격자의 역할은 왜 중요할까요?

목격자의 역할이 중요한 이유는 바로 목격자가 적극적으로 목소리 내고 행동하는 것이 사이버 폭력을 줄이고 멈추는 데 매우 큰 도움이 될 수 있기 때문입니다. 많은 사람이 "나랑은 상관없는 일이야"라고 생각하고 상황을 외면하면 어떻게 될까요? 네, 피해자는 더 큰 고통을 받게 되고 아무도 자신을 도와주지 않는다는 사실에 더 힘들어질 것입니다. 그래서 목격자 한 사람 한 사람의 도움으로 피해자는 혼자가 아니라는 것을 느끼고 사이버 폭력 상황에 대처하고 해결할 힘을 얻을 수 있습니다. 여러분의 작은 실천이 큰 변화를 불러올 수 있지요. 모두가 안전하고 즐겁게 인터넷을 사용할 수 있도록 우리가 목격자로서 할 수 있는 일을 알아볼까요?

목격자는 이런 걸 할 수 있어요!

① 피해자에게 다가가기: 먼저 피해자에게 다가가 "내가 너를 도와줄게"라고 말을 걸어 봅시다. 많은 피해자가 혼자서 문제를 해결할 수 없을 것이라 생각해서 무기력해지고, 자포자기의 상태가 되어버리는 경우가 굉장히 많습니다. 그런 순간 건네는 여러분의 말 한마디는 피해자에게 큰 힘이 되고, 문제에 대처할 힘이 나게 격려해 줍니다. 피해자가 힘들어하고 슬퍼할 때, 함께 시간을 보내며 옆에서 지지해 줍시다.

② 어른에게 알리고 도움 요청하기: 사이버 폭력을 목격하면, 주위 어른(선생님이나 부모님)에게 꼭 알리도록 합시다. 어른들에게는 이런 문제를 해결할 수 있는 지식과 경험이 있습니다. 여러분이 피해자의 손을 잡고 함께 어른의 도움을 요청하면 어른들은 여러분이 힘들지 않도록 도움을 주기 위해 노력할 거랍니다.

③ 가해자에게 말하기 "그만!": 조금 더 용기 있는 목격자는 가해자에게 직접 대처할 수도 있습니다. 사이버폭력은 가해자에게 "그만해!"라고 말하는 사람이 있다면, 가해자의 행동을 멈추게 할 수 있습니다. 물론 큰 용기가 필요한 일입니다. 하지만 가해자도 자신이 하는 행동이 장난이 아니라 잘못된 행동(사이버 폭력)이고, 누군가는 이걸 지켜 보고 있다는 것을 알게 되면 멈출 수 있습니다.

④ 증거 모으기: 자신이 본 사이버 폭력의 증거를 모으는 것도 매우 중요한 일입니다. 사이버 폭력이 실제로 일어났다는 것을 증명하기 위한 증거를 모아두는 것도 목격자가 할 수 있는 큰 역할이랍니다. 나쁜 글이나 메시지를 캡처해서 저장해두면, 나중에 어른들이 사이버 폭력 문제를 해결할 때 활용할 수 있습니다. 특히, 가해자가 자신이 저지른 일을 부인할 때 증거는 중요한 역할을 하고 피해자는 더 두터운 보호를 받을 수 있게 됩니다.

어떤가요? 목격자가 할 수 있는 일이 생각보다 많지 않나요? 하지만 목격자도 자기 역할을 할 때, 고려해야 할 점들이 있습니다. 그럼 목격자는 사이버 폭력 상황에 나서서 도움을 줄 때 어떤 점을 주의해야 할까요?

(1) 비밀 지켜주기

피해자의 동의 없이 사이버 폭력과 관련된 내용을 다른 사람에게 말하지 않아야 합니다. 피해자의 사생활과 감정을 존중해 주어야 하기 때문입니다. 비밀을 지켜주며 피해자에게 여러분을 믿고 의지해도 된다는 사인을 줄 수 있습니다.

(2) 진심으로 돕기

단순히 겉으로만 돕는 반쪽짜리 도움이 아닌, 피해자의 입장에서 생각하며 도움을 주어야 합니다. 피해자에게 어떤 도움이 필요한지 생각하고 피해자의 마음을 이해하며, 진심이 담긴 도움을 주기 위해 노력해야 합니다. 이렇게 하면 피해자는 큰 위로를 받고 큰 힘을 얻을 수 있습니다.

(3) 적극적인 도움

어른에게 알리거나 증거를 모으는 등 적극적으로 문제를 해결하기 위해 함께 노력해야 합니다. 또는 가해자에게 사이버폭력을 멈추라고 말할 수도 있습니다. 목격자가 이렇게 적극적으로 나선다면 사이버 폭력으로 일어난 문제를 더 빨리 해결할 수 있고, 피해자도 도움을 받을 수 있습니다.

사이버 폭력이 일어났을 때, 목격자는 굉장히 중요한 역할을 할 수 있습니다. 목격자는 사이버 폭력이 일어난 것을 보고 그냥 넘어가는 대신, 적극적으로 개입해서 사이버 폭력을 멈추거나 피해자에게 힘을 줄 수 있는 사람입니다. 점점 어떤 것이 사이버 폭력인지 여러분이 잘 알게 되면서 사이버 폭력을 목격했다고 하는 청소년은 증가했습니다. 그만큼 여러분이 사이버 폭력을 잘 알아챌 수 있게 되었으니, 이젠 한 걸음 더 나아가 사이버 폭력을 막고 멈춰볼까요? 만약 내 주위의 누군가가 사이버 폭력을 당하는 것을 알게 된다면, 내가 먼저 목격자로 나서서 도와주며 모두가 더 안전하고 행복하게 인터넷을 사용하는 환경을 만들어 보도록 합시다.

여러분도 언제든 사이버 폭력의 현장을 보게 되는 '목격자'가 될 수 있습니다. 이때 '내 일이 아니야', '내가 뭐 어떻게 할 수 있겠어' 하며 방관하지 말고, 사이버 폭력을 저지하기 위해 적극적으로 대처하는 목격자가 되어봅시다. 앞에서 다룬 다가가기, 어른의 도움 요청하기, 가해자에게 멈추라고 하기, 증거 모으기 등의 도움 말고 또 어떤 역할을 할 수 있을까요? 실천 다짐을 해 보며 행동하는 목격자가 되기 위한 마음의 준비를 해 봅시다.

선서. 저는 행동하는 목격자가 되기 위해 다음 사항을 잘 알고 꼭 실천하겠습니다.

하나, 저는 행동하는 목격자로서 피해자에게 괜찮은지, 도움이 필요한지 물어보고 다가가겠습니다.

피해자에게 직접 말을 걸거나 메시지를 보내면서 도움을 필요로 하고 있는지 먼저 확인합시다. "괜찮아? 이런 일이 생겨서 마음이 많이 힘들 것 같아. 내가 어떻게 도와주면 좋을까?" 이 방법 또한 피해자에게는 큰 위로가 될 수 있습니다. 자신이 혼자이고 이 상황을 벗어날 방법은 없다는 우울감에서 빠져나와 내 편이 있다는 안정감을 느낄 수 있기 때문입니다.

하나, 저는 행동하는 목격자로서 폭력적이거나 선정적인 게시물, 영상, 댓글을 보면 즉시 신고하겠습니다.

여러분의 신고로 플랫폼 운영자는 그런 불건전한 콘텐츠를 삭제하거나 청소년들이 볼 수 없도록 가리는 등의 조치를 취해 더 건전한 플랫폼 환경을 만들 수도 있답니다. 그럼 또 다른 사이버 폭력 피해자가 생기는 것도 막을 수 있습니다. 게다가 이렇게 신고하는 목격자가 여러 명이면 그 효과는 더 뚜렷하게 드러나고, 플랫폼 이용 문화를 개선하는 데에도 도움이 됩니다. 신고 방법이 어렵지 않으니, 실천해 봅시다.

하나, 저는 행동하는 목격자로서 가해자에게 지금의 언행이 잘못된 것이라고 침착하게 알려주고 경고하겠습니다.

"지금 네가 하는 행동은 사이버 폭력이야.", "다른 사람에게 상처가 되는 일은 사이버상에서도 하면 안 돼."처럼 차분히 가해자의 잘못을 짚고 이유를 알려줍시다. 여러분의 용기로 가해자는 자기 언행을 되돌아보고 대수롭지 않게 했던 언행이 사이버 폭력임을 깨달을 수 있습니다. 하지만 가해자에게 거친 표현을 사용하고 비난하는 등 또 다른 사이버 폭력 가해자가 되는 언행을 해서는 안 되겠죠? 여러분이 보기에도 상황이 과격하거나 위험하다고 생각되면 직접 나서는 것보다 어른의 도움을 요청하는 것이 안전합니다.

행동하는 목격자가 되는 것은 단순히 피해자를 걱정하고 위로하는 것 그 이상의 일입니다. 우리가 사용하는 인터넷 환경을 더 안전한 공간으로 만드는 밑거름이 되기 때문입니다. 모두가 목소리 내고 행동하면 서로를 존중하고 배려하며 온라인 공간을 활용하는 문화가 퍼지고, 결과적으로 사이버 폭력을 예방하고, 멈출 수 있게 됩니다. 앞으로는 조금씩 작은 일이라도 실천하며, 사용했을 때 언제나 기분 좋고 안전한 사이버 공간을 만들어 가도록 합시다.

참고문헌

강용철 외, 2022, 『미디어 리터러시, 세상을 읽는 힘』, 샘터

김경희 외, 2020, 『디지털 미디어 리터러시』, 한울아카데미

김대식, 2023, 『김대식 교수의 어린이를 위한 인공지능: 메타버스부터 챗GPT까지』, 동아 시아사이언스

김아미, 2023, 「인공지능이 대학교육에 던지는 질문: 미디어 리터러시의 관점에서」, 『대학: 담론과 쟁점』, 한국대학학회

김여라, 2021, 「기사형 광고의 문제점 및 개선방안」, 국회입법조사처

김현정, 2023, 「미디어 리터러시 교육 프로그램 개발 및 적용」, 청주대학교 대학원 석사학 위논문

구본권, 2023, 「챗GPT 시대의 필수 역량 'AI 리터러시'」, 『KISO 저널』, 한국인터넷자율정책 기구

권영부, 2021, 『미디어 리터러시 교육 어떻게 할 것인가?』, 지식프레임

권장원 외, 2021, 『인공지능, 디지털 플랫폼 시대 미디어 리터러시 이해』, 한울아카데미

권성호 외, 2005, 「디지털 '생비자(Prosumer)'의 수행영역 확대를 위한 미디어 리터러시 교 육내용 설계 전략」, 『교육정보미디어연구』, 한국교육정보미디어학회

데이비드 버킹엄, 조연하 외 역, 2019, 『미디어 교육 선언』, 학이시습

반병현, 2023, 『챗GPT: 마침내 찾아온 특이점』, 생능북스

변경가 외, 2024, 「2022 개정 교육과정의 초·중등 미디어 리터러시 교육 내용 분석과 시사 점 −교육과정 성취」, 『한국교육문제연구』, 중앙대학교 한국교육문제연구소

요한하리, 김하현 역, 2023, 『도둑맞은 집중력』, 어크로스

안순태, 2014, 「인터넷 신문 기사형 광고에 대한 어린이의 이해: 광고 리터러시와 광고 표 식 효과」, 『한국언론학보』, 한국언론학회

이유미, 2021, 「AI시대의 리터러시 특성에 관한 연구 − AI 리터러시와 관계 리터러시를 중 심 으로」, 『어문연구』, 어문연구학회

이유미 외, 2021, 「AI리터러시 개념설정과 교양교육 설계를 위한 연구」, 『어문론집』, 중앙 어문학회

이주영 외, 2022, 「청소년 인터넷 교육 경험과 사이버 폭력 가해 경험과의 관계」, 『한국공
　　안행정학회보』, 한국공안행정학회
정영희, 2023, 「청소년 사이버 폭력 예방 프로그램 독일 '미디어 헬덴'에 관한 고찰」, 『문화
　　와 융합』, 인문사회예술융합학회
정채원, 2023, 『Y공대생이 알려주는 어린이 챗GPT 공부법』, 이북스미디어

2022년 기준 아동·청소년 성범죄 판결 분석, 2022, 한국형사·법무정책연구원
2022 개정 교육과정, 교육부
2023 사이버 폭력 실태조사 보고서, 2023, 방송통신위원회
2023 디지털 성범죄 피해자 지원 보고서, 2023, 한국여성인권진흥원

McCrindle & Fell, 2020, UNDERSTANDING GENERATION ALPHA

특명, 알파 세대를 구하라 미디어 리터러시의 등장

초판 1쇄 발행 2025년 3월 14일

지은이 장미, 송윤경, 원정현, 최주미, 이영인, 임경미

펴낸이 김선기
편집주간 조도희
편집 고소영·이선주
디자인 조정이
펴낸곳 (주)푸른길
출판등록 1996년 4월 12일 제16-1292호
주소 (08377) 서울시 구로구 디지털로 33길 48 대륭포스트타워 7차 1008호
전화 02-523-2907, 6942-9570~2
팩스 02-523-2951
이메일 purungilbook@naver.com
홈페이지 www.purungil.com

ISBN 979-11-7267-039-9 43300